JN016937

フリーランスが インボイス で損をしない本

税理士
原 尚美

日本実業出版社

は じ め に

　いよいよインボイス制度が始まります。

　インボイスとは、消費税の申告をするときに必要な、「消費税を払ったこと」を証明する書類です。問題なのは、免税事業者を選択したフリーランスは、このインボイスの発行ができないこと。

　するとどうなるのか。売り手側にいるフリーランスの人たちが、買い手側である取引先などにインボイスを発行しない場合、買い手側は消費税の「仕入税額控除」が受けられない──、つまり納税額が増えてしまいます。
　そのため、今後は「消費税分を払わない」「免税事業者との取引をやめる」と話す関係者の存在もちらほら。フリーランスの不安をあおるばかりです。
　免税事業者は〈消費税〉を請求できるのか？　結果として、この答えのない大問題が、多くのフリーランスに突きつけられているのです。

　「今までと同様に免税事業者のままでいいのでしょう？」（Aさん）
　「こんな改正をするなんて、政府のやることはひどすぎる！」（Bさん）
　「今後は消費税を請求できなくなるんですよね？」（Cさん）

　小規模なフリーランスは、これまで消費税の申告や納税を免除されていたためか、消費税の仕組みに詳しくありません。また、税理士に依頼せず自分で確定申告する人も多いため、インボイス制度の正しい知識を入手する機会も少なく、オロオロしたり不満を口にするだけで、自分の身を守るために具体的な行動を起こせていないように見えます。

　一方、免税事業者と取引する企業側も、今ひとつ関心を示さず、ことの深刻さを理解できていないかもしれません。先日こんなことがありました。
　「御社は多くの外注さんに業務を委託してますが、今後の報酬について話し合いましたか？」

「イヤ、してませんけど、なんでですか？」

「インボイス制度が始まると、外注さんか御社のどちらかの負担が増えるんですよ。令和5（2023）年10月以降、免税事業者に払った消費税は控除が受けられなくなるので、今のままだと御社の納税額が増えてしまいます。それを避けるには、外注さんへ消費税分の支払いをやめなければなりません」

「それは彼らの収入が減るということですか？　10％も？　そんなひどいことはしたくないですよ。どうすればいいんですか？」

このように、一緒に働く外注さんを大事に思いながらも、今後の対策や話し合いにまったく着手していない企業は、非常に多いのです。

インボイスが、フリーランスにとって不利な制度なのは否定できない事実です。だからこそ、**自分の生活を守るためにも、消費税の仕組みを理解して、少しでも有利な方法を模索する必要があります**。実のところ、免税事業者のままでいるよりも、課税事業者になったほうが得するケースは少なくありません。消費税のルールやインボイス制度を理解していないことにより、損をしてしまう可能性もあるのです。

本書では、最低限押さえておきたい消費税の仕組みを知っていただくとともに、具体的な6つの事例をもとに、インボイス制度を解説していきます。6人のフリーランスは、それぞれ次のような悩みを抱えています。

❶ 登録事業者が得か、免税事業者が得かわからない
❷ 原則課税が得か、簡易課税が得かわからない
❸ 年によって売上が1,000万を上下する
❹ 報酬額が税込みか税抜きか、はっきりしない
❺ 登録事業者にならなくても、消費税を請求できるのか疑問
❻ 免税事業者でも、消費税を請求できるのか疑問

具体的な数字を使って、6人の手取り額をシミュレーションし、最も得するパターンを、読者の皆さんと一緒に考えていきます。フリーランスの皆さんが少しでも損をしない方法を模索するヒントとなれば幸いです。

税理士　原 尚美

● フリーランスがインボイスで損をしない本　もくじ ●

はじめに

**第2章　最低限知っておきたい
消費税の不思議ワールド**

第7章 フリーランス必読「救いの道」を探る！

column

カバーデザイン 井上新八／イラスト 伊藤美樹／DTP 一企画

第**1**章

インボイス制度スタートで
フリーランスが直面する現実

1 登録番号がないと消費税を請求できないと言われた

Q 取引先から「登録番号を教えてほしい」と連絡が……。登録番号がないと消費税を請求できなくなるの?

動画編集者
カメラマン

A 登録事業者にならないと消費税の請求は難しくなります。なお、免税事業者を選んだ場合も、経費に含まれている消費税は支払わないといけません。

動画編集者Yさんの悩み

　大手結婚式場の動画編集者として働いているYさんは、結婚式場から受け取る収入が売上のほとんどを占めています。**免税事業者なので、消費税としてもらっている70万円は、現実的には**生活費の一部です。

　先日、結婚式場から**「インボイスの登録番号を教えてほしい」と連絡が**……。登録番号がないと消費税を請求できなくなると言われ困っています。

　免税事業者を選ぶと、消費税を請求できなくなるかもしれませんが、その場合、**いま機材費と一緒に払っている消費税も払わなくて済むのか**を知りたいです。

　インボイス制度導入前のYさんの確定申告は表のとおりです。

　報酬は結婚式1組につき10万円(消費税別)。結婚式の数は月によってバラツキがあり、収入が安定しているとは言えません。

　カメラなどの機材は自分で用意しなければならないので、機材費の購入など必要経費として年間500万円はかかっています。

	税込み金額	うち消費税
年収	770万円	70万円
経費	500万円	45万4,000円 ※1
手元に残るお金	270万円 ※2	

※1　5,000,000万円÷1.1×10%≒454,000
※2　7,700,000−5,000,000＝2,700,000

●インボイス制度のタテマエ

　Ｙさんが登録事業者になれば、インボイス制度が始まっても、結婚式場側はこれまでどおりＹさんに払った消費税を仕入税額控除（28ページ参照）できます。

　登録事業者になると自動的に課税事業者となるため、Ｙさんは受け取った消費税の申告と納税が必要になってきます。

　一方、インボイス制度のもとでは、Ｙさんが登録事業者にならないと、インボイスを発行できません。

　そのためＹさんが今後も免税事業者を選択すると、結婚式場としては対策が必要になってきます。**Ｙさんからインボイスをもらえないと、結婚式場が税務署に支払う消費税の金額が増えてしまう**からです。

　結婚式場との契約にもよりますが、Ｙさんが登録事業者にならない場合は、消費税分の70万円を請求できなくなる可能性があります。

　一方で、経費として支払っている機材費の500万円には、消費税454,000円が含まれています。消費税は国内で取引されるすべての課税取引にかかる税金だからです（23ページ参照）。

　そのためＹさんが**免税事業者であるか否かに関わらず、機材の購入の際、代金と一緒に消費税は請求される**ことになります。

　インボイス制度が始まり、免税事業者を選択しても、Ｙさんは消費税を負担し続けなければなりません。

\POINT 1/

❶ 登録事業者にならないとインボイスは発行できない

❷ インボイスがないと、取引の相手先企業の納税額が増えてしまう

❸ 免税事業者でも、経費にかかる消費税は支払わなければならない

答えは**7章**でじっくり！

② 手取りがどれくらい
減るか心配…

YouTuber
歌手・タレント
俳優・古着販売
ネットショップ

Q 仕事柄、インボイス制度が始まったら、登録事業者になる予定だけど手取りが減るのは仕方ないの？

消費税の計算方法には、原則的な方法と簡単な方法の2種類あります。それぞれの納税額を予想して、目減り額が少ないほうを選びましょう。 **A**

地下アイドルAさんの悩み

　地下アイドルAさんは、ライブ活動の他、YouTubeの広告収入や案件によるスポンサー収入があり、クリーンなイメージで売っています。アイドル業だけでは食べていけないので、ネームバリューを生かしてTシャツや古着のネット販売も行っています。

　インボイス制度が始まったあと、メディアから消費税について突っ込まれるのがイヤなので、登録事業者になるべきだと考えています。その場合、いまの手取りがどのくらい減るか不安です。

　インボイス制度導入前のAさんの確定申告は表のとおりです。ライブの出演料や案件によるスポンサー収入は年間300万円、Tシャツや古着の売上は500万円程度で、いずれも消費税を別途もらっています。YouTubeの広告収入が100万円ありますが、これは令和4（2022）年現在、国外取引に該当するので（23ページ参照）、消費税は課税されません。

　古着の仕入にかかる原価率は7割です。スポンサーが負担してくれるので、出演料などにかかるコストはありません。

		税込み金額	うち消費税
年収	出演料など	430万円（うち国外取引 100万円）※1	30万円
	古着販売	550万円	50万円
経費		385万円	35万円
手元に残るお金		595万円 ※2	

※1　YouTuberの広告料収入は令和4（2022）年現在、国外取引に該当
※2　（4,300,000＋5,500,000）－3,850,000＝5,950,000

●インボイス制度のタテマエ

　Aさんが登録事業者を選択すると、自動的に課税事業者となり、消費税の申告・納税が必要になります。

　税務署に払う消費税は、受け取った消費税から払った消費税を差し引いて計算するのが基本ですが、売上が**5,000万円以下の小規模なフリーランスは、もっと簡単な方法で計算する特別ルール**があります。

　この簡単な計算方法のことを、**簡易課税**といい、**売上に一定の割合をかけて納付する消費税を計算**します。この一定の割合のことをみなし仕入れ率といいます。みなし仕入れ率は業種ごとに決まっており（101ページ参照）、Aさんの場合は、出演料が50％、古着販売は80％で計算することになります。

　本来、消費税は受け取った消費税の実額と、払った消費税の実額をそれぞれ計算するのが原則です。しかし、すべての取引かかる消費税の金額を集計するのは大変、面倒で手間がかかります。

　そこで小規模な個人事業主や会社の事務負担を軽くしようと、国が考えたのがこの簡易課税という特別ルールです。

　実務の現場では、**どちらの納税額が少なくて済むかを予測し、有利なほうを選択**しています。

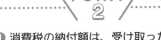

POINT 2

❶ 消費税の納付額は、受け取った消費税から払った消費税を差し引いて計算する。

❷ 小規模な事業者のために、もっと簡単に計算する方法がある（簡易課税）。

❸ 簡易課税では、売上に一定の割合をかけて、みなし仕入の金額を計算する。

答えは7章でじっくり!

③ 登録事業者と免税事業者を行ったり来たりできる？

売上が1,000万円前後の人

Q 売上が1,000万円を行ったり来たりしてます。これまでのように、2年前の売上に応じて登録事業者になったり免税事業者に戻ったりできる？

いったん登録事業者になると、基準期間の売上が1,000万円以下かどうかに関係なく、消費税の申告・納税義務が発生します **A**

Webデザイナー Kさんの悩み

　Webデザイナー K さんは、大手企業 1 社および中堅企業数社と、コーポレートブランディングの業務委託契約を結んでいます。

　通常の売上は900万円程度ですが、スポットの仕事が入ると1,000万円を超えることも。これまでは2年前の売上に基づいて、免税事業者と課税事業者をいったり来たりしており、免税事業者の年でもクライアントに消費税を請求してきました。

　先日、業務委託契約をしているクライアントから、登録番号の問い合わせがありました。登録申請をして課税事業者になっても、これまでと同じように、2年前の売上に基づき、免税事業者と課税事業者をいったり来たりできるか、免税事業者の年でもクライアントに消費税を請求できるのか心配です。

　ブランディングのデザインをしている関係上、消費税を請求できないと、自分が免税事業者だということがわかってしまうのは避けたいところ。やはり、登録したほうがよいのか悩んでいます。

　インボイス制度導入前のKさんの確定申告は表のとおりです。自宅マンションを事務所として使用しており、その他の必要経費は通信費や交通費程度しかかかっていないので、申告では簡易課税を選択しています。

	税込み金額	うち消費税
年収	990万円	90万円
経費	310万円(うち課税取引※1 110万円)	10万円
手元に残るお金	680万円 注2	

※1　200万円は自宅を事業所として使っているので消費税は非課税
※2　9,900,000−3,100,000＝6,800,000

●インボイス制度のタテマエ

　いったんインボイスの発行事業者になると、**自動的に課税事業者になるため、基準期間の売上が1,000万円以下かどうかは、関係なくなります。**免税事業者の特典もなくなり、申告・納税義務が発生することになります。

　登録事業者の申請をしなかった場合は、これまでと同じように、基準期間の売上が1,000万円を超えたかどうかで判断し、免税事業者と課税事業者を行ったり来たりすることになります。**課税事業者になったからといって、自動的に登録事業者になるわけではないので、インボイスを発行することはできません。**

　これまでは、Kさんが免税事業者であったか、課税事業者であったかに関わらず、Kさんのクライアント企業は、Kさんへの報酬を仕入税額控除することができていました。

　しかしインボイス制度がスタートすると、**Kさんからインボイスを取得できないと仕入税額控除ができなくなり、クライアント企業の納税額が増えてしまいます。**

　そのため、Kさんが登録事業者になってインボイスを発行しないと、クライアントに対して消費税相当額の請求ができなくなる可能性があります。とはいえ、**いったん登録事業者になると、原則2年間は免税事業者に戻ることができないので**（109ページ参照）、登録申請するかどうか慎重な判断が必要です。

\POINT/
③

❶ 登録事業者になると、基準期間の売上に関係なく課税事業者になる
❷ 課税事業者というだけでは、インボイスを発行することはできない
❸ いったん登録事業者になると、原則2年間は免税事業者に戻れない

答えは
7章で
じっくり!

④ 報酬に消費税が含まれているかどうかわからない…

Q 報酬に消費税が含まれているのか不明です。金額が明記されてなくても消費税はもらったことになるの？ インボイス制度が始まったら減額されるの？

ITエンジニア
プログラマー・SE

A 課税取引に該当する場合は、報酬の総額に消費税が含まれているとみなして計算します。早急に契約内容を確認しましょう。

ITエンジニア（プログラマー）Sさんの悩み

ITエンジニアのSさんは、中堅のIT会社の個人外注として、IT会社の社員と一緒に大手メーカーに派遣されています。

報酬は月額50万円です。自分で請求書を発行せずに、会社が作成した支払通知書に毎月サインをしていました。

これまで免税事業者だったこともあり、消費税を意識したことがなかったのですが、よく見ると金額の後ろに「消費税込み」とかっこ書きで記載があります。

IT会社とは、とくに書面で契約書は交わしていません。自分としては50万円に消費税が含まれているという認識はありませんでした。

先日、契約しているIT会社から、今後はインボイスを発行するように指導がありました。

自分が登録事業者になれば、50万円にプラスして消費税を請求できるのか。または免税事業者のままでいても、現状どおり50万円を請求できるのか、免税事業者のままでいると50万円の中に消費税分が含まれているとみなされて、消費税相当分の報酬が減ってしまうのか、混乱しています。

インボイス制度導入前のSさんの確定申告は表のとおりです。

業務で使うパソコンなどの機材は会社から借りているため、必要経費はほぼかかっていませんが、社会保険は個人で加入しています。

	税込み金額	うち消費税
年収	600万円	54万5,400円 ※1
経費（社会保険料）	100万円	なし
手元に残るお金	500万円 ※2	

※1　6,000,000÷1.1≒5,454,000
　　　5,454,000×10%＝545,400
※2　6,000,000−1,000,000＝5,000,000

●インボイス制度のタテマエ

　令和5（2023）年9月30日までは、免税事業者への支払いであっても取引先企業は仕入税額控除を受けることができます。

　そのため、IT会社はSさんへの外注費600万円に消費税545,400円が含まれているとみなして、仕入税額控除の金額を計算し、消費税を申告・納税していると推測されます。

　事業者間の取引では、消費税の税込み表示も税抜き表示も、両方が認められています。SさんがIT会社と結んでいる業務委託契約は、消費税法上、課税取引に該当するため、600万円の中には消費税が含まれていると考えられるからです。

　まずは、IT会社と契約内容について再確認し、あらためて契約金額についての合意をとる必要があります。

\POINT/
4

❶ 事業者間の取引では、税込み表示も税抜き表示もいずれも認められている。
❷ 課税取引に該当すれば、消費税は含まれているとみなされる。
❸ これまでは免税事業者への支払いでも、仕入税額控除を受けることができていた。

答えは
7章で
じっくり！

5 登録申請するかどうかの判断基準がわからない…

イラストレーター
デザイナー
セミナー講師

Q 登録事業者か免税事業者か迷ってるのですが、どうやって判断すればいいの？

自分が免税事業者になった場合、取引先に与えるインパクトと目減りする手取り額を比較して対応策を考えます。**A**

イラストレーター兼セミナー講師Tさんの悩み

　大手出版社と契約してイラストを描く仕事を請け負うかたわら、定期的にアロマを使ったリラクゼーション・セミナーを開催しているTさん。

　先日、出版社から登録番号を聞かれました。**今後も売上が1,000万円を超える可能性はなさそうなので、免税事業者のままでいいかなーと思っている**のですが、「登録事業者にならなければ消費税を請求できなくなる」と言われました。イラストの報酬は契約により決まっており、他のフリーランスとのバランスを考えると、個別での価格交渉は難しそうです。

　セミナー講師のほうは、**受講者から領収書の発行を求められることもあ**りますが、「消費税込み」とだけ記載して渡しています。リラクゼーション・セミナーという性格上、受講者に個人や個人事業主が多く、領収書を仕入税額控除のために使っているとは考えにくいです。

　今後、**登録事業者となってセミナー受講料にも消費税を請求すべきか、免税事業者となって受講料を値引きすべきか悩んでいます。**

　インボイス制度導入前のTさんの確定申告は表のとおりです。

　売上は、イラストレーターとしての収入が、平均で約220万円（消費税込み）程度。セミナーの受講料売上は300万円（消費税込み）程度となっています。イラストの制作にかかる経費およびセミナー講師にかかる経費は、併せて100万円程度です。

		税込み金額	うち消費税
年収	イラストレーター	220万円	20万円
	セミナー講師	300万円	27万2,700円 ※1
経費		110万円	10万円
手元に残るお金		410万円 ※2	

※1　3,000,000÷1.1≒2,727,000
　　　2,727,000×10％＝272,700
※2　（2,200,000＋3,000,000）－1,100,000＝4,100,000

●インボイス制度のタテマエ

インボイス制度が始まっても、すべての取引にインボイスの発行が義務化されるわけではありません。従来どおりの領収書や請求書を発行することで、受け取った相手は所得税や法人税の経費に算入することができます。

インボイスが必要なのは、取引の相手方が原則的な方法を使って、消費税の計算をするときだけです。インボイスを取得し保存しておかなければ、仕入税額控除の適用を受けることができないからです。

登録事業者か免税事業者のままかを判断するためには、取引相手がインボイスを必要としているかどうかがポイントとなります（45ページ参照）。

Ｔさんが登録事業者になってインボイスを発行しないと、出版社は仕入税額控除ができなくなり、その分、出版社の負担が増えます。そのため、Ｔさんが**免税事業者を選択すると、出版社から消費税相当分20万円の値引きを求められてしまう可能性は高い**と思われます。

一方、セミナー受講料は課税取引なので、受講料の中には消費税が含まれていると考えます。受講者は消費者や小規模な個人事業主なので、今後インボイスを求められることは考えにくく、現状と同じ内容の領収書を発行しても問題なさそう。Ｔさんが**免税事業者のまま、これまでと同じ金額のセミナー受講料を受取ってもトラブルは発生しない**と考えてよいと思われます。

POINT
5

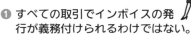

❶ すべての取引でインボイスの発行が義務付けられるわけではない。

❷ これまでどおりの請求書で法人税や所得税の計算は可能。

❸ インボイスが必要なのは取引の相手方が仕入税額控除の適用を受けるときだけ。

答えは
7章で
じっくり！

⑥ 免税事業者でも消費税を請求できるか心配…

ネイリスト
セラピスト
カウンセラー

Q お客さまは消費者の方ばかり。免税事業者のまま消費税を請求しても大丈夫？

免税事業者が消費税を請求することについて、法律上、明確な規定がないという曖昧な状態になっています。 **A**

ネイリストMさんの悩み

　ネイリストMさんは、自宅の一室で、ネイルサロンを経営しています。

　趣味と実益を兼ねて、子育ての合間に行っているだけなので、紹介以外のお客様を増やすつもりはなく、今後も売上が1,000万円を超える可能性はありません。

　現在、施術が終わったら、**その場で手書きの領収書に金額を記載し、料金を受け取っています。消費税の記載は特に行っていません。顧客は大半が主婦仲間なので、領収書や請求書を自分の経費として使っている可能性はほぼないと思われます。**

　免税事業者を選択した場合でも、今の料金を値下げしたくはありませんが、インボイス制度が始まったら、消費税の記載をどうすればいいでしょうか。

　課税事業者を選択する場合は、消費税は別途請求したいと思っているのですが、お客さまから値上げだと文句を言われたらどうしようと悩んでいます。

　インボイス制度導入前のMさんの確定申告は表のとおりです。

　料金は消費税込みで平均客単価5,000円程度、顧客は知り合いと知り合いからの紹介案件のみで、売上は200万円（税込）です。施術は自宅の一室で行っているため、家賃等の費用は発生しません。経費としては、ジェルの材料代がかかる程度です。

	税込み金額	うち消費税
年収	200万円	18万1,800円 ※1
経費	33万円	3万円
手元に残るお金	167万円 ※2	

※1　2,000,000÷1.1≒1,818,000
　　　1,818,000×10%＝181,800
※2　2,000,000−330,000＝1,670,000

●インボイス制度のタテマエ

　ネイルの施術代は課税取引に該当するので、**料金の中に消費税が含まれている**と考えます。

　領収書に消費税の記載がないので、インボイス制度が始まる令和5（2023）年9月30日以前においても、仕入税額控除（28ページ参照）**の条件は満たしていません。**幸いにも顧客の全員が主婦（消費者）であることから、ネイル代を確定申告の経費として使用する人がいなかったため、これまでクレームなどは発生しませんでした。

　インボイス制度がスタートしても、顧客からインボイスを要求される可能性は低いようですが、**施術代に消費税が含まれているかどうかを明確にしておかないと、今後トラブルが発生する可能性があります。**

　まずは料金表を作り直して、いまの料金が消費税込なのか、消費税別なのかを明確に決めましょう。

　登録事業者になれば現在より消費税相当分の値上げができるかもしれません。

　免税事業者のままでいる場合、料金を据え置くのか、消費税相当分の値引きが必要になるのか悩ましいところです。インボイス制度の導入後、免税事業者が消費税を請求できるかどうかは、微妙な論点となっているからです。

　インボイス制度の導入にあたって、免税事業者が消費税相当額を請求し、消費税額を請求書や領収書に記載することが、法律で禁止されたわけではありません。**明確に禁止されているのは、免税事業者がインボイスを発行**

することと、登録番号のようなものを記載するなどインボイスと間違える可能性のある請求書や領収書を発行することです。

　禁止されていないのだからOKかというと、国税庁が発表しているQ&Aには、「～免税事業者は～、請求書などに消費税額等を表示して、別途消費税相当額を受取ることは、消費税の仕組み上、予定されていません～」という、もって回った記載があります。

**　消費税を請求できないとなると、Mさんはジェルの材料代と一緒に払った消費税５万円を回収することができません。**

　そのため、免税事業者が消費税を請求することは、事実上、容認されてきました。消費税法では、このように免税事業者に対する本音とタテマエが、消費税導入時からずっと同居しているのです。

　法律上、明確に規定されていない以上、このあいまいな状況はインボイス導入後も続くと思われます。

　今後、フリーランスの皆さんが免税事業者を選んだ場合に、消費税を請求できるかどうかは、自己責任で判断するしかないと言ったところでしょうか。

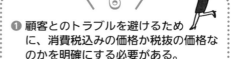

POINT
6

❶ 顧客とのトラブルを避けるために、消費税込みの価格か税抜の価格なのかを明確にする必要がある。
❷ 免税事業者が消費税を請求することが、法律で禁止されているわけではない。
❸ 免税事業者が消費税を請求するかどうかは、自己責任で判断する。

答えは
7章で
じっくり!

20

第**2**章

最低限知っておきたい
消費税の不思議ワールド

1 不思議な税金　消費税

インボイス制度について検討する前に、まずは「**消費税とは何ぞや？**」ということを理解しましょう。

なぜなら、消費税はとても不思議な税金。皆さんがよく知っている所得税や法人税とは、まったく違う特徴をいくつも持っているからです。

たとえて言うなら、サッカーと野球ぐらいの違いがあります。ひたすら相手ゴールを目指すという点で、サッカーのルールはとてもシンプルです。一方、野球は攻撃と守備が入れ替わるなど、ルールを理解していないと楽しめません。

所得税（法人税）はサッカーです。確定申告のとき、売上と経費を集計すれば、曲がりなりにも納めるべき税金が計算できます。

ところが、**消費税はそうはいきません。基本のルールを押さえておかないと、試合にもならないという悲しい結果になってしまうのです。**

消費税の税率は何％？

では質問です。消費税の税率は、何パーセントでしょうか？

「何、言っちゃってるの！　10％でしょ」と即答したあなた、間違ってはいませんが、正解でもありません。

国税庁のホームページには「**消費税率は7.8％**」と記載されています。

これには理由があります。10％のうち、**国に払う消費税は7.8％、差額の2.2％は正確には地方消費税**といい、地方自治体の取り分となっているからです。

また、**食料品など一部の商品に、10％ではなく８％の軽減税率が課税される**のは、皆さん、ご存じのとおりです。食料品に対して課税される８％も、同じように国に納める消費税6.24％と地方自治体に納める地方消費税1.76％とに区別されています。

	標準税率	軽減税率
消費税	7.8%	6.24%
地方消費税	2.2%	1.76%
合計	10%	8%

不思議の国の消費税の世界へ、
冒険の旅、始まり始まり〜

column	## 消費税はこんなときに課税されます

消費税はどのような場合に課税されるのでしょうか？
消費税の課税対象となる取引は、法律で次のように決まっています。

❶ 国内において行う取引であること
❷ 事業者が事業として行う取引であること
❸ 対価を得て行う取引であること
❹ 資産の譲渡および貸付けならびに役務の提供であること

この4つの要件すべてを満たす取引が、消費税の課税対象です。

では、4要件を満たせば、すべてに消費税がかかるかというとそうではないので、ややこしくなります。

ここからさらに、例えば医療費などの非課税取引や、輸出などの免税取引を除いた取引に、消費税が課税される仕組みになっているのです。

インボイス制度の導入で最も影響を受ける免税事業者の皆さんは、どのような取引に消費税が課税されるのか、大まかなルールを押さえておけば十分です。

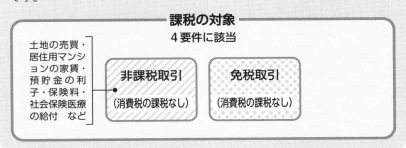

課税の対象
4要件に該当

土地の売買・居住用マンションの家賃・預貯金の利子・保険料・社会保険医療の給付　など

非課税取引
（消費税の課税なし）

免税取引
（消費税の課税なし）

2 不思議ルール①
割り算に慣れないと、あとで大変

例 えばカフェでコーヒーを飲んだとき、経費にするための領収書を受け取る場面で、次ページのような領収書をもらうことがありませんか？

この領収書には消費税額は記載されていませんが、お店や会社が自由に課税したり、しなかったりできるわけではありません。**消費税の４要件（23ページのコラム参照）に当てはまる取引は、すべて消費税の課税対象です。**

損得のシミュレーションに欠かせない消費税計算の知識

コーヒー代金の支払いは、消費税の４要件に当てはまるので課税取引に該当します。消費税の世界では、払ったコーヒー代1,000円の中に、消費税が含まれていると考えるのです。

計算方法は次のとおりです。

> 1,000円÷1.1≒909円
>
> 909円×10％＝90円（１円未満切り捨て）

こうしてカフェ日実では、コーヒー代として受け取った1,000円を1.1で割って税抜き金額909円を計算し、そこに消費税率10％を掛けて計算した90円を納付することになります。

インボイス制度の導入後、フリーランスの皆さんは免税事業者か課税事業者かを選択するためには、どちらが得かをシミュレーションする必要があります。その際、税込み金額を割り返して消費税を計算する仕組みは、とても大事なポイントなので、押さえておきましょう。

領　収　書

○　○　　　様　　　　　　　　　　　　　○年○月○日

合計金額：　　**1,000円**

但、飲食代として

上記の通り正に領収致しました。

カフェ日実

収入印紙

領収証などに消費税額の記載が
なくても「消費税の4要件」に
当てはまると課税対象です！

3 不思議ルール②
皆が消費税を納めたら払い過ぎ？

消　費税は最終的に税金を負担する人と、税務署に税金を納める人が違います。これは、所得税や法人税と異なる消費税の特徴の1つです。

　3月15日の確定申告を思い浮かべてください。

　皆さんは、売上から経費をマイナスして「いくら儲かったか」を計算し、そこから所得税や法人税を計算しています。計算ができたら、税務署に申告書を提出し、自分のお財布から税金を払っているはず。所得税の世界では、一人の人が税金を申告し、かつ税金を負担するのが基本です。

　一方、消費税の世界はどうでしょうか。

　皆さんがお店でキッチン雑貨を購入したり、美容院でカットをしてもらったときに、商品やサービスと一緒に払っているのが消費税です。このとき、皆さんが税金を払う相手は、税務署ではなく、雑貨屋や美容院です。

　雑貨屋や美容院は、お客さまから受け取った消費税をどうするかというと、自分がトータルいくらもらったかを集計し、税務署に申告し、納税するルールとなっています。**消費税は、税金を負担する人と申告して納税する人が違っている**のです。

　このとき、消費税を申告し納税しなければならない雑貨屋や美容院のことを**納税義務者**といいます。

　　　納税義務者 → 税金を納める義務のある人や団体のこと

納税義務者が消費税を申告し納税する仕組み

ところで消費税を払うのは、消費者だけではありません。

雑貨屋や美容院も、商品を仕入れたり、家賃を払うときに、やっぱり消費税を一緒に払います。仕入代金と一緒に払う消費税は、誰が申告し、納税するのでしょうか？

答えは、商品を雑貨屋に売った問屋です。問屋は、雑貨屋から受け取った消費税を集計し、税務署に申告し、納税することになります。

ここで一つ問題が発生します。

「雑貨屋や美容院、問屋が、受け取った消費税を全額、国に納めていたら、国は税金の取り過ぎにならないか？」という問題です。

下図を見てください。日本では、商品やサービスはたくさんの会社を経由して消費者に届けられるのが一般的です。

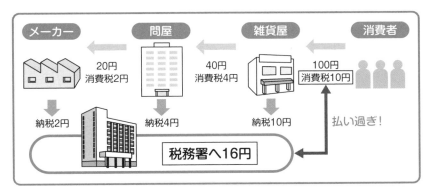

消費者が100円の雑貨と一緒に払った消費税は10円です。それなのに、このままでは16円が国に納税されてしまうことになってしまいます。

それは「おかしい！」というわけで、この問題を解決するのが、**仕入税額控除**という仕組みです。

ゆっくり、じわじわと、
インボイス制度の
悩ましいところに
近づいてきていますよ

4 不思議ルール③ 消費税は回るよグルグルと

 金を負担する人ではなく「受け取った人」が申告し、納税するのが消費税の不思議ルールでした。受け取った消費税をそのままの金額で納税すると、税金の払い過ぎになってしまいます。

この問題を解決する魔法の杖が、**仕入税額控除**というシステムです。**難しい言葉ですが、このあとインボイス制度の導入にあたって、最も重要なキーワードとなりますので、**がんばって理解してくださいね。

インボイス制度上の重要なキーワード「仕入税額控除」も押さえてね

次ページの図をみてください。消費者から受け取った消費税は10円ですが、雑貨屋は問屋に払った消費税4円をマイナス（**このマイナスを「控除」といいます**）して納税します。

問屋は、雑貨屋から受け取った4円からメーカーに払った2円を控除し、2円を納税します。

このように、取引の流れの中にいるすべての事業者が、**受け取った消費税から払った消費税をマイナスして納税する**ことで、最終的に消費者が負担した10円と、各事業者が納税した金額の合計額が、一致することになります。

こうして、**自分が払った消費税をマイナスして税務署に支払う金額を計算する仕組みのことを、「仕入税額控除」**というのです。

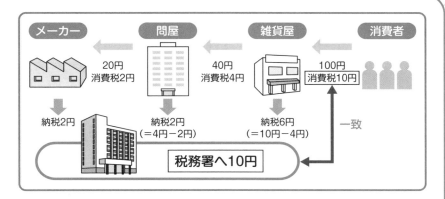

　ところで、雑貨屋は商品の仕入だけでなく、お店の家賃や電話代などの経費を払う際にも、一緒に消費税を払います。このとき、払ったすべての消費税は、受け取った消費税から差し引いて納める金額の計算をすることができます。

　このように仕入でなくても、家賃であっても、電話代であっても、**払った消費税をマイナスすることを、仕入という言葉を使って「仕入税額控除」といいます。**

　最初は違和感があると思いますが、インボイス制度の章で何度も出てくる言葉なので、慣れておいてくださいね。

> **仕入税額控除**
> 申告のとき、受け取った消費税から
> 払った消費税を差し引いて計算する仕組みのこと

　関わったすべての事業者が、受け取った消費税から払った消費税を控除することで、消費者が負担した消費税を少しずつ分散して納めていくのが消費税の基本ルールです。

　このとき、**関わったすべての事業者が払った消費税の合計額と、最終的に消費者が負担した消費税の金額が一致することがポイント**です。

　ところが、たまにこの金額が一致しないケースが発生することがあります。それが**免税事業者**の存在です。その問題を解決するために考えられたのが、インボイス制度です。

5 不思議ルール④
控除を受けるのは、とても大変

一般的に、商品やサービスが消費者に届くまでには、生産者や仕入業者、代理店、販売店など、たくさんの事業者が関わることになります。

関わったすべての事業者が、消費税を少しずつ価格に上乗せし、受け取った消費税から払った消費税を差し引いて納めていくことで、最終的に消費者が負担した消費税を国に納めることになります。

この仕組みを支えているのが「不思議ルール③」で説明した**仕入税額控除**という計算方法です。

ところが、仕入税額控除は無条件に適用されるわけではありません。**「必要な要件」を満たさなければ、自分が払った消費税を差し引いてから納付税額を計算することはできないのです。**

必要な要件とは次の2つです。仕入税額控除できるのは、下記の2要件が両方ともそろっている場合だけになります。

> ただし、請求書などに記載されている金額が税込みで3万円未満の場合などは、帳簿の保存のみでOK

仕入税額控除の要件
1. 決められた事項を記載した帳簿の保存
2. 決められた事項を記載した請求書などの保存

> 帳簿に記載すべき事項は次の4つ
> 1. 相手方の氏名または名称
> 2. 取引の年月日
> 3. 取引の内容（8％の商品が含まれている場合は、その旨）
> 4. 取引の金額（消費税込み）

請求書などに記載すべき事項は、原則として下記の5つです。

> 消費税の世界では請求書だけでなく領収書や納品書などをひっくるめて請求書等とよびます！

請求書等に記載すべき事項

1. 発行者の氏名または名称
2. 取引の年月日
3. 取引の内容（8%の商品が含まれている場合は、その旨）
4. 取引の金額（税率ごとの合計額）
5. 受取人の氏名または名称

　上記5つの内容を盛り込んだ請求書や領収書のことを**区分記載請求書等**といいます。正しい領収書の書き方は、次のサンプルのような形になります。

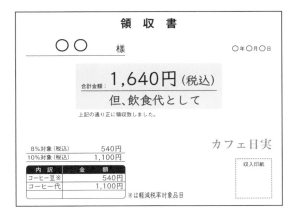

　28ページの例でいうと、雑貨屋が払った消費税を、お客さまから受け取った消費税からマイナスして申告するためには、まず**自分で必要事項を記載した帳簿を作成し、「正式な」請求書や領収書を問屋からもらっておく必要がある**ということです。

　仕入税額控除を受けるためには、実はかなりハードルが高いのがお分かりいただけたでしょうか。これはインボイス制度を理解するうえで、重要なポイントなので、押さえておいてください。

6 不思議ルール⑤ 掟破りの特別ルールがある？

費税を受け取った事業者は、受け取った金額を集計して申告し、税務署に納めるのが、消費税のルールでした。

ところが、**ある条件をクリアした事業者は、消費税の申告も納税もする必要がないという特別ルールがあります。**

この特別ルールに該当する事業者は、本来なら受け取った消費税を国に納めなければならないところ、その義務を免除されていることから、**免税事業者**といわれます。

> 消費税が導入された平成元年（1989年）に、国民の拒否反応を和らげるため、政府がこの特別ルールを導入。

免税事業者も、消費税を請求できる

免税事業者だからといって、消費税を請求できないわけではありません。

例えば、雑貨屋はキッチン雑貨を仕入れたり、店の家賃を払ったりするときは消費税を支払います。免税事業者だからといって、消費税を請求されないわけではないからです。その結果、商品を販売する際、一緒に消費税を請求しないと、自分が払った消費税を取り戻すことができません。

ただし、31ページで紹介したように、免税事業者であってもルールで決められた領収書や請求書を発行する必要があるので、注意してください。

特別ルールの対象となるのは、こんな事業者！

免税事業者になれるのは、原則として小規模な事業者です。小規模かどうかの判断基準として次の2つを押さえておきましょう。

> **（1）基準期間の課税売上が1,000万円以下かどうか**

　ここでまたまた消費税の不思議ルールの登場です。1,000万円以下かどうかは、その年ではなく**2期前の年度の売上で判断する**のです。

　消費税の世界では2期前のことを**基準期間**といいます。

　「基準期間」は、個人事業主と法人で、少し違います。法人は自分で決算期を設定できますが、個人事業主は毎年1月1日から12月31日と決まっているからです。

> 基準期間という概念は何度か登場するから頭に入れておいてね。

個人事業主	2年前の課税売上が1,000万円以下か
法人	2期前の事業年度の課税売上が1,000万円以下か

column	消費税は、もらっていいの？

　26ページで説明したように、消費税の納税義務者は、消費者ではなく売り手である事業者です。しかしこれは、「預かった税金」だから、そのまま国に納めなければならない、という意味ではありません。

　消費税は商品価格の一部を構成するものである、という考え方は、平成2（1990）年に行われた裁判の判決でも示されています。消費税は預かるものではなく、お客さまから対価として受け取るものと考えてかまいませんよ、というわけです。

　本書でも、「受け取った消費税」や「消費税相当額の値引き」というフレーズを使っているのは、そういう背景があるからです。

　免税事業者が消費税を請求できるのか、というセンシティブな問題が、今後どのように決着がつくか不透明ですが、フリーランスの皆さんは、「受け取った＝もらった」という認識で、インボイス制度の導入を乗り切っていきましょう。

（2）特定期間の課税売上または人件費が1,000万円以下か

　免税事業者になるためには、基準期間の売上基準だけでなく、１期前でみる判定基準もクリアしなければなりません。

　「特定期間」とは、個人事業主の場合は、前年の１月１日から６月30日、法人の場合は、前事業年度開始の日から６か月間のことをいいます。

個人事業主	前の年の１月１日〜６月30日の課税売上 または人件費が1,000万円以下か
法人	１期前の事業年度開始の日から６か月間の課税売上 または人件費が1,000万円以下か

column	起業したばかりのケースはどうなる？

　起業したばかりの人は、２期前の売上が０円です。そういう場合も同じように考えてよいのでしょうか。

　基準期間の売上が存在しない場合は次のように考えます。

A　起業した場合の初年度 → 原則として免税事業者

個人事業主	起業した年は免税
法人	資本金が1,000万円未満の場合のみ免税（下記Bも同じ）

B　起業した場合の２年目 → 無条件に免税とはならない

個人事業主	本文(2)の条件を満たせば免税
法人	本文(2)と上記Aの条件を満たせば免税
	設立初年度の月数が７か月以下かつ上記Aなら免税

※これらの条件を満たしていても親会社の課税売上が５億円超の場合は免税事業者になれないなど、レアケースがいくつかあります。詳しいことを知りたい方は専門家に相談しましょう。

第3章

インボイス制度が
フリーランスに与える影響

1 そもそもインボイスってナニ？

　　　れではいよいよインボイス制度について説明しましょう。
　　　インボイスとは、消費税の申告をする時に必要な書類のことです。
　消費税の申告をするとき、事業者は自分が受け取った消費税から、払った消費税を差し引いて納税します。この「消費税を払ったこと」を証明するための書類がインボイスです。

　令和5（2023）年9月30日まで、消費税を払ったことを証明するための書類は、「区分記載請求書」（31ページ）でした。
　10月1日からは、**区分記載請求書に変わって「インボイス」が主役となる**のです。

> インボイス制度は**令和5（2023）年10月1日**から始まる

免税事業者に大きな影響を与える背景

　インボイス制度は、免税事業者に大きな影響を与え、困る人も出てくるといわれています。
　インボイス制度がスタートすると、どうして免税事業者が困ってしまうのでしょうか？
　それは、**インボイスに記載しなければならない事項が、区分記載請求書よりも増えてしまった**からです。
　とくに問題なのが、**登録番号**です。免税事業者は、登録番号が取得できないので、仕入税額控除のために必要なインボイスを発行することができなくなるのです。
　インボイスに記載しなければならない内容は次のとおりです。

インボイスに記載しなければならない内容

1. 発行者の氏名または名称

2. 登録番号　TX-XXXXXXXXXXXX

3. 取引の年月日

4. 取引の内容（8％の商品が含まれている場合は、その旨）

5. 取引の金額（8％と10％に区分したそれぞれの合計額※）
   ※税込金額でも税抜金額でもOK

6. 5に対する消費税額とその税率

7. 受取人の氏名または名称

　カフェ日実でコーヒーを飲み、ついでにコーヒー豆を購入した場合を想定しましょう。

　上記7つの事項をすべて反映させると、下記のような領収書になります。

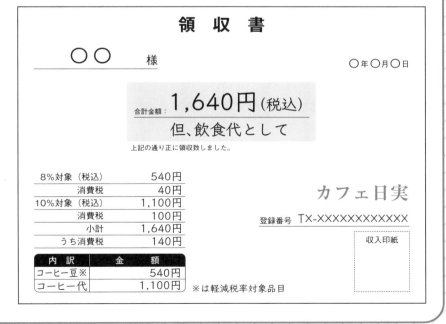

2 どうして国は インボイス制度を導入するの？

インボイス（左）と区分記載請求書（右）と比べてみてみましょう。税率ごとの消費税額を記載するなど、若干の変更点はありますが、大きな違いはありませんね。ただ1つ、**登録番号**を除いては……。

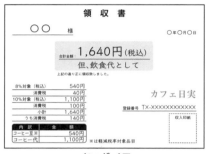
インボイス

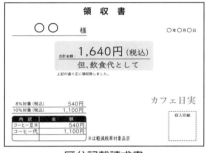
区分記載請求書

　令和5（2023）年10月1日以後は、登録番号の記載された請求書や領収書（インボイス）がないと、取引の相手先企業は仕入税額控除（28ページ）ができなくなってしまいます。

　言葉をかえれば、**登録番号のない免税事業者と取引をする相手先企業は、免税事業者に請求された消費税相当額を負担しなければならない可能性が生じてしまう**のです。

　相手先企業が受けるダメージについては40ページで見ていきますが、まずは国がインボイス制度を作った意図を見ていきましょう。

免税事業者に大きな影響を与える背景

28ページで説明したように、消費税の世界では、商品やサービスが消費者に届くまでの間に関わったすべての事業者が、自分が「受け取った消費税」から「払った消費税」をマイナスして計算することで、少しずつ消費税を納めていきます。

すると最終的には、各事業者が納税した消費税の合計額と、最終的に消費者が払った消費税が一致する仕組みとなっています。

しかし、商品やサービスの流れの中に免税事業者がいると、消費者が支払った消費税額と、各事業者が納税した消費税の合計額が合わなくなってしまうのです（下図参照）。

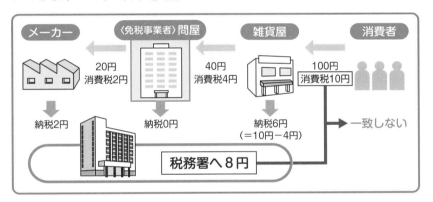

商品の流れの中に免税事業者である問屋がいたとします。問屋は免税事業者なので、税務署へ納税の必要はありません。

すると、**消費者が払った消費税10円に対して、各事業者が納めた税金の合計額は8円にしかなりません。税務署としては2円がとりっぱぐれた状態となっている**のです。

とはいえ免税事業者は何ひとつ悪くありません。32ページで説明したように、免税事業者も消費税を請求できることや、その納税が免除されることは、国が法律で決めたことだからです。責められるとしたら、そのような制度を作った国のほうです。このような制度的な例外をなくそうと考えられたのが、インボイス制度というわけです。

3 免税事業者との取引をやめる企業が今後は増えるかも？

　　　ンボイス制度が導入されると、なぜ免税事業者が大きな影響やダメージを受けるのでしょうか。

　それは、**免税事業者と取引する企業が、申告し納税する金額が大きく変わってくるからです。**

　これまでは、相手が免税事業者であっても、支払った消費税をマイナスして納税額を計算することが認められてきました。

　しかし、インボイス制度が導入されると、そうはいきません。**登録番号が記載されていない領収書や請求書を受け取っても、相手の企業側は仕入税額控除ができなくなります。**

　そしてここがポイントなのですが、**免税事業者は消費税の申告や納税をしなくて済む代わりに、インボイスに記載する登録番号を取得することができません。** そのため、仕入税額控除の条件を満たす領収書や請求書を発行することができないのです。

　相手企業にとっては、仕入税額控除が認められないのに、免税事業者に消費税を払うと、その分だけ自社の負担が増えることになります。

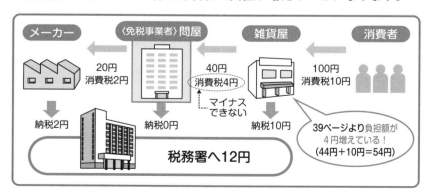

　問屋が免税事業者だった場合、雑貨屋は、問屋から登録番号を記載した領収書や請求書をもらえないので、仕入税額控除ができません。

　これまでは、問屋に払う料金44円と税務署への納税額6円を合わせて50円（39ページ参照）の支払いでしたが、インボイス制度の導入後は、税務署への納税額が10円に増えて54円（＝44円＋10円）になっています。結果的に消費税相当分4円だけ、雑貨屋の負担が増えたことがわかります。

フリーランスにとっては死活問題に発展することも

　フリーランスの皆さんの取引先は、大企業ばかりではなく、個人事業主と変わらないような小規模な会社もたくさんあります。

　コロナ禍の影響で売上は減少、ギリギリの経営をしている会社も少なくありません。仕入税額控除ができないなら、免税事業者への支払いは消費税分を減額して支払うか、または免税事業者との取引をやめるか、苦渋の選択を強いられることになるのです。

　そうすると**取引先企業の中には、「免税事業者とは取引をやめよう」とか、「免税事業者に支払う消費税相当分は、払うのをやめよう」とか、そういうことを考える会社が出てきてもおかしくありません。**

　これまで消費税とは無縁だと思っていた免税事業者ですが、実はインボイス制度の影響を最も受けるのは免税事業者だという理由はココにあったのです。

　これまで、免税事業者であっても消費税を請求することは認められてきました。そのため30年以上にわたって、この消費税相当分が、事業の必要経費や生活費の補てんに充てられてきたのが実態です。

　これまで請求できていた消費税が請求できなくなると、自動的に売上が10％減少してしまいます。これはフリーランスにとって一大事。まさに死活問題です。

4 免税事業者のとるべき道①
シミュレーションを怠らない

これまでの特別ルールが無条件に使えなくなる以上、フリーランスへの影響は避けられないでしょう。

しかし、「法律が変わったから仕方がない」と諦めていてはフリーランス魂がすたります。影響を最小減に抑える対策を講じていきましょう。

まずは取引先との契約内容を確認するところから始めよう

インボイス制度が導入されると、フリーランスの皆さんは次のいずれかの道を選ぶことになります。

フリーランスの選択肢は３つある

1. **免税事業者**を選択する

2. 登録事業者となって「原則的な方法」で申告・納税する

3. 登録事業者となって「特別ルール」を使って申告・納税する

---

1. を選んだ場合、登録番号を取得することができません。令和5（2023）年10月以降、**取引の相手先が仕入税額控除するために必要なインボイスを発行すること**ができなくなります。

2. を選んだ場合、**受け取った消費税から自分が払った消費税を引いた金額を納税していく**ことになります。仕入税額控除のためのインボイスを発行できるので、取引先企業は影響を受けません。

3. を選んだ場合、**簡便的な特別ルール**（100ページ参照）**を使って計算した消費税の金額を納税する**ことになります。2の方法とどちらが有利な方を選択することができます。仕入税額控除のためのインボイスを発行できるので、取引先企業は影響を受けません。

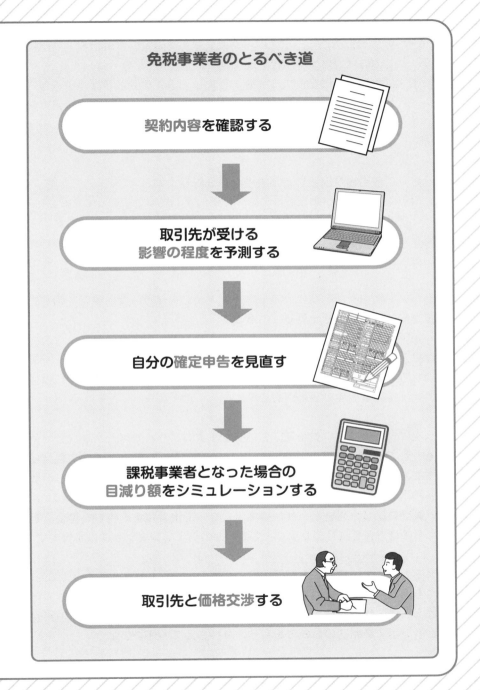

免税事業者のとるべき道

契約内容を確認する

取引先が受ける
影響の程度を予測する

自分の確定申告を見直す

課税事業者となった場合の
目減り額をシミュレーションする

取引先と価格交渉する

どの方法がよいかは、申告内容や取引先企業の規模感、相手との関係性、契約内容によって違ってきます。

　まずは取引先との契約内容を確認しましょう。取引金額は、税込みで決まっているケースと、税抜きで決まっているケースの両方が考えられるからです。税込みの場合、料金の決め方（消費税が含まれているかどうか）があいまいなケースも考えられます。

　さらに**取引先が消費者か事業者かを分析します。**

　取引先の大部分が事業者の場合、相手の売上規模を予測してください。インボイス制度から受ける影響の程度は、相手が消費者か事業者かでも変わってきますし、取引先企業の規模にも左右されるからです（46ページ参照）。

　取引先との交渉の前に、**自分がインボイスを発行しない場合、相手企業が受ける影響額を予測しておきます。**

　相手先企業の売上は簡単にはわかりませんが、例えば建設業などの許認可企業であれば都道府県で調べることができますし、ホームページを調べるなどして従業員数などから想像することができます。対策には何といっても取引先の分析が必要です。

　次に自分の確定申告を見直し、登録事業者になった場合、これまで免除されていた消費税の申告をすると、**自分の手取り額がどの程度目減りするのか予測しましょう。**免税事業者のままでいると、取引先から消費税相当分の減額を交渉される可能性があるからです。

　減額に応じた場合と、課税事業者になって消費税を納税した場合、どちらのほうが目減り額が少なくて済むかのシミュレーションは必須です。

　そのうえで、取引先と契約内容の見直しを交渉します。取引先にとっても、フリーランスの皆さんはかけがえのない存在のはずです。お互いにとって、**最も影響が小さくなるような価格交渉をするために、消費税とインボイス制度の仕組みをしっかり押さえておきましょう。**

5 免税事業者のとるべき道②
取引先の影響度を予測する

取 引先との交渉の前に、まずインボイス制度の導入により、取引先がどの程度の影響を受けるかを予測しておくことが大切です。

インボイス制度が始まったからといって、すべての取引先がインボイスを必要とする訳ではないからです。

例えば相手が消費者であれば、仕入税額控除のために登録番号入りのインボイスを発行する必要はないといってもよいでしょう。

または**取引の相手が小規模で、売上が5,000万円以下であれば、簡易課税制度**（100ページ参照）**という特別ルールを採用している可能性が高い**でしょう。その場合は、売上に固定の割合を掛けて、納付すべき消費税を計算するので、インボイスを取得する必要がありません。

大手企業との取引が多いフリーランスほど影響が大きい

一方で、**大手企業と取引していれば、確実にインボイスの発行を求められるので、それだけ影響が大きい**というわけです。

次ページの表を見てください。**インボイス制度の影響を確実に受けるのは、取引の相手先の多くが5,000万円超の売上規模の場合**だけです。

取引先の大部分が大規模事業者という場合は、インボイス制度が導入されたら、相手先企業が消費税分を減額して支払う予定なのかを、まず確認しましょう。業界や社風にもよりますが、皆さんが免税事業者であっても支払い額を減額せず、これまでと同額を支払う企業もあるからです。その場合は、これまで仕入税額控除ができていた金額相当分について、相手先企業の納税額が増えることになります。

それでも、資金に余裕があったり、フリーランスがいないと現場がまわらないケースなどでは、これまでどおりの金額を支払おうと考える企業は少なくありません。

とくにIT関連や建設業界、運送業界など、人出不足の業界ではフリ

ーランスに辞められては大変です。

　企業によっては、お互いに少しずつ痛み分けを提案してくることも想定されます。 消費税相当分の全額は払えないけれど、フリーランスの皆さんへの報酬そのものを、少しでもアップしようというケースです。

　交渉の余地があると見込まれる場合は、相手の言いなりになるのではなく、できるだけ有利になるように交渉を進めるために、**自分の手取りがどの程度減るのか、相手先企業がどの程度の影響を受けるのかをあらかじめ予想しておくことが大切です。** 本書では7章で手取り額のシミュレーションをしているので、フリーランスの皆さんの事情に合うパターンを確認してください。

　交渉の結果、取引の内容や、相手先企業との関係性によっては、消費税相当分の減額は諦めなければならない可能性もあります。

　その場合は、このまま免税事業者でいる場合と、登録番号を取得して課税事業者となった場合とで、どちらが手取り額の減少が少ないかをシミュレーションし、インボイス発行事業者となるべきかどうかを検討することになります。

免税事業者の選択肢に応じた取引先の影響度

フリーランス	取引の相手先	インボイスの発行
免税事業者の ままでいる	消費者	発行できない
	免税事業者	
	小規模事業者※	
	大規模事業者	
課税事業者になる （原則課税）	消費者	不要
	免税事業者	
	小規模事業者※	不要な可能性が高い
	大規模事業者	必要
課税事業者になる （簡易課税）	消費者	不要
	免税事業者	
	小規模事業者※	不要な可能性が高い
	大規模事業者	必要

※売上が5,000万円以下と想定される会社や個人事業主

第4章

インボイス制度
これだけは押さえておこう

1 インボイス制度の導入で こう変わる！

ズバッとひと言で言うと
今後どうなるのですか！

ざっくり説明すると、こうなります！

インボイス制度とは、正確には「**適格請求書保存方式**」のことを言います。

これをざっくり説明すると下記のような感じでしょうか。

① 請求書や領収書の記載内容が変わります

② 仕入税額控除を受けるためにはインボイス
（適格請求書）の **保存が必要** です

③ インボイスを発行するためには **登録が必要** です

④ 取引先から要求されたら登録事業者は
インボイスを発行しなければなりません

仕入税額控除の適用を受けるために必要な事項を記載した請求書や領収書のことを「**インボイス（適格請求書）**」と呼びます。

インボイスを発行するためには、納税地の所轄税務署に「**適格請求書発行事業者の登録申請書**」を提出し、「**インボイス（適格請求書）発行事業者**」になる必要があります。

　消費税の課税事業者であっても、インボイス（適格請求書）発行事業者（以下「登録事業者」と呼びます）になって登録番号を取得するまでは、インボイスを発行することはできないので、注意してください。

> **インボイス制度がスタートするのは**
> **令和5（2023）年10月1日からです**

　令和5（2023）年10月1日からインボイスを発行するためには、15日前の日までに10月1日から登録したい旨を記載した登録申請書を、税務署に提出する必要があります。

---

column ｜ **今年は免税事業者のままがいいけど、来年から登録することは可能？**

　登録はいつでも可能です。期の途中に登録した場合でも、原則としてその日から、インボイスを発行することができます。登録すると、免税事業者ではなくなり、受け取った消費税の申告をすることになります。

　登録のための手続きや、いつから申告義務が発生するのかなどについて、令和11（2029）年9月まではスタート時の特別ルールがあるので、本章で確認してください。

2 インボイスを発行できる人

インボイスは誰でも発行する
ことができるの？

登録事業者になるための条件

　消費税の課税事業者だからといって、すべての課税事業者がインボイスを発行できるわけではありません。**インボイス（適格請求書）発行事業者になるための登録をした事業者だけが発行できる**ようになります（次ページ参照）。

　免税事業者が登録事業者になるためには、**原則として、まず課税事業者になるための届出書**（95ページ参照）**を提出する必要があります。**

　一方で、取引先が消費者の場合でインボイスの発行を求められる可能性が低いと予想できるなら、あえて登録をする必要はありません。登録しなければインボイスは発行できませんが、面倒な手続きは不要ですし、今の請求書のフォーマットを変更せずにすみます。

　登録事業者についてまとめると下記のようになります。

① 免税事業者は登録申請ができません

② 登録申請は**任意**です

③ 課税事業者であっても登録しないという選択肢もあります

登録事業者の申告義務

　登録事業者になると免税事業者のメリットはなくなり、消費税の申告義務が発生します。

現状のステータス	登録	インボイスの発行
免税事業者	申請できない	✕（発行できない）
課税事業者	申請する	◯（発行できる）
課税事業者	申請しない	✕（発行できない）

　では、免税事業者が令和5年10月1日付けで登録事業者になった場合、いつの分から税務署へ申告しなければならないのでしょうか。

　消費税の申告は課税期間ごとの単位で行うのがルールです。

　例えば、個人事業を営むフリーランスの課税期間は、1月1日から12月31日です。したがって本来ならば、令和5年1月1日から課税事業者として、消費税の納税義務が発生することになります。

　「インボイス制度が始まる前に、さかのぼって納税しなければならないの？」と不安になったフリーランスの皆さん、ご安心ください。**インボイス制度の導入にあたっては、登録した日から課税事業者になるという免税事業者のための特別ルールがあります**（96ページ参照）。

　令和5（2023）年1月1日〜令和11（2029）年9月30日までは、本来の課税期間に関わらず、登録した日からの消費税についてのみ、申告すればよいというものです。

　したがって、例えば個人事業主が令和5（2023）年10月1日付けで登録事業者になった場合は、令和5（2023）年10月1日から12月31日までの消費税について、申告することになります。

　さかのぼって納税しなくてもよいのは個人事業主だけでなく、法人も同じです。

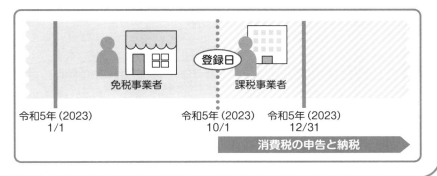

3 登録事業者になる方法

どうすれば登録事業者に
なれるの？

登録申請の流れを押さえよう

　まず「適格請求書発行事業者の登録申請書」を提出します。

　インボイス制度の導入にあたって、申請書の入力や電話照会などの事務は、「インボイス登録センター」で集中的に行われています。そのため、登録申請書を書類で提出する場合は、納税地の税務署ではなく、インボイス登録センターに郵送します。

　登録センターは、東京国税局・大阪国税局など、各国税局の管轄ごとに12カ所ほど設置されています。それぞれの登録センターの住所は、「インボイス登録センター／国税庁」で検索し、国税庁のホームページで確認してください。

　申請すると登録拒否要件に該当していないかどうかの審査が行われ、問題がなければ適格請求書発行事業者登録簿に登録されます。

　登録されると、「**適格請求書発行事業者の登録**

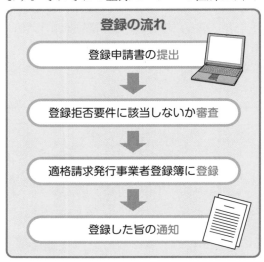

登録の流れ

登録申請書の提出

↓

登録拒否要件に該当しないか審査

↓

適格請求発行事業者登録簿に登録

↓

登録した旨の通知

通知書」が郵送で届きます。登録通知書には、登録番号が記載されています。今後**インボイスを発行する際には、この登録番号を記載する**ことになります。

　e-Taxで登録申請（54ページ参照）すると、書面ではなくメールで通知を受け取ることもできます。

e-Taxを使うと手続きは簡単

　登録申請は、e-Taxでも手続きすることができます。**e-Taxソフト（WEB版）やe-Taxソフト（SP版）にアクセスすると、画面に表示された質問に回答する形で、申請書を作成することができる**ので、こちらのほうが簡単かもしれません。

　e-Taxで登録申請手続きを行うためには、事前に下記のものを準備しておきましょう。

準備しておくもの

- マイナンバーカードなどの電子証明書
- 利用者識別番号
- 暗証番号

e-Taxによる登録申請手続き

ソフトウエア	e-Taxソフト（WEB版）	e-Taxソフト（SP版）	e-Taxソフト
電子証明書	必要	必要	必要
ダウンロード	不要	不要	必要
利用端末	パソコン	スマートフォン・タブレット	パソコン
作成方式	質問形式	質問形式	書面と同じ形式
利用可能者	法人・個人事業主	個人事業主のみ	法人・個人事業主

令和5（2023）年10月1日から登録事業者になるための期限

　インボイス制度がスタートする令和5（2023）年10月1日から、登録事業者になってインボイスを発行するためには、原則として令和5（2023）年3月31日までに登録申請書を所轄の税務署長宛に提出する必要があります。

> **登録申請書の提出期限** （令和5（2023）年10月1日から発行したい場合）
> **令和5（2023）年3月31日まで**

前年度の売上基準により課税事業者になる場合の特別ルール

　上記にかかわらず特定期間（32〜34ページ参照）に課税売上または人件費が1,000万円を超えたために課税事業者になるケースでは、令和5（2023）年3月31日に間に合わない可能性が懸念されます。

　そこで、**特定期間の売上（人件費）基準により免税事業者が課税事業者となる場合にかぎって、令和5（2023）年6月30日までに登録申請すれば、令和5（2023）年10月1日から適格請求書発行事業者になる**という特別ルールがあります。

> **特定期間の売上（人件費）基準により課税事業者になる場合**は
> **令和5（2023）年6月30日までに登録申請を！**

期限に間に合わない場合の特別ルールがある！

　「インボイス（適格請求書）発行事業者になるべきか、ギリギリまで様子をみたい」という事業者もいると思います。とくに免税事業者の人がインボイスを発行するためには、課税事業者となる必要があるため、なかなか申請の決断ができないのも致し方ありません。

　そういう事業者を救済するため、**令和5（2023）年3月31日までに登録申請できない「困難な事情」を記載した「適格請求書発行事業者の登録申請書」を、令和5（2023）年9月30日までに所轄の税務署長に提出すれば令和5（2023）年10月1日に登録を受けたものとみなされます。**

　さらに、令和5年度の税制改正により、令和5（2023）年10月1日から令和11（2029）年9月30日までの間は課税期間の初日から15日前の日までに登録希望日を書いて申請すれば、課税期間の初日にさかのぼってインボイスを発行できるようになりました（97ページ）。そのため登録希望日を令和5（2023）年10月1日と書いて9月16日までに申請すれば、「困難な事情」の記載は必須ではなくなりました。

4 これが大事！登録番号のチェックのしかた

その番号が正しいかどうか、どうやって確認するの？

登録番号はＴを頭文字にした13桁の数字

登録が完了すると、登録番号が通知されます。登録番号はＴを頭文字にした、13桁の数字です。

登録番号 TX-XXXXXXXXXXXX

法人の場合、Ｔの後ろには**法人番号**が用いられます。

個人事業主や、人格のない社団などの場合は、**法人番号とは重複しない番号で、かつマイナンバーとは異なる新たな番号**が付与されます。

いつからインボイスを発行できるの？

登録申請しただけでは、まだインボイスは発行できません。インボイス（適格請求書）発行事業者としてインボイスを作成し、取引先に提供できるのは、あくまで**登録日以降**です。いつからインボイスを発行できるかは、**登録通知書に記載されている登録日で確認する**ことができます。

登録番号は誰でも確認できる

書面で申請書を提出してから登録通知までの期間は、令和4（2022）年12月時点で**1か月半程度**（e-Taxの場合は**3週間程度**）かかっています。

通知までにかかる時間は、国税庁の「適格請求書発行事業者公表サイ

ト」に記載されているので、誰でも確認できます。

　インボイス（適格請求書）発行事業者として登録されると、適格請求書発行事業者公表サイトに登録番号がアップされます。公表サイトに登録番号を入力して検索することで、取引先は「受け取ったイ

ンボイスに記載された番号が有効かどうか」を確認することができるというわけです。

公表サイトで確認できる内容

法人	個人事業主・人格のない社団など
① 法人名 ② 本店または主たる事務所の所在地 ③ 登録番号 ④ 登録年月日 ⑤ 登録取消年月日	① 氏名（または名称） ② 登録番号 ③ 登録年月日 ④ 登録取消年月日 ⑤ 旧姓や屋号など、「申し出により」公表された事項

　フリーランスの中には、お店などの屋号で公表したいという人もいるのではないでしょうか。

　個人事業主が**屋号や旧姓など**で登録したいとき、または個人事業主や人格のない社団等があえて事務所の所在地を公表したいときなどは、「**適格請求書発行事業者の公表事項公表（変更）申出書**」を提出します。

記載例は150ページでじっくり！

適格請求書発行事業者の公表事項の公表（変更）申出書

登録事項を変更したいときは？

　登録事項を変更する場合、法令で公表が定められている事項と、本人の申し出に基づき公表される事項とでは、提出する書類が異なります。

　本社所在地や法人名など、**公表サイトで公開されている法定の公表事項を変更したい場合は、納税地の税務署に「適格請求書発行事業者の登載事項変更届出書」を提出**します。

　個人事業主や人格のない社団などが追加で公表している屋号や住所を変更したいとき、または公表したい事項を追加したいときは、「適格請求書発行事業者の公表事項の公表（変更）申出書」を所轄の税務署に提出します。

　これらの届出書はe-Taxで提出することもできますが、郵送で提出する場合の送り先は各国税局のインボイス登録センターです。

適格請求書発行事業者登録簿の登載事項変更届出書

記載例は151ﾍﾟで じっくり！

58

5 端数処理に要注意！

1円未満の金額は
どうすればいいの？

インボイスに記載する消費税額の計算方法に強くなろう！

　インボイスには、受け取った消費税額を8％と10％に分けて、それぞれの合計額とその消費税額を記載しなければなりません。ここでは「**税率ごとの消費税額」の計算方法**について説明します。

　消費税は、本体価格に8％（軽減税率）や10％（標準税率）の税率を掛けて計算しますが、その際、1円未満の端数が出ることがあります。
　例えば90円のチョコレートの消費税は7.2円（90×0.8＝7.2円）です。一般的には0.2円が切り捨てられて7円になります。
　また、税込み価格で料金が記載されている場合は、その税込み金額を110分の10（10／110）で割り返してから消費税額を計算するので（24ページ参照）、**端数処理の問題は避けて通れません**。

　インボイス制度の導入にあたっては、端数処理の方法についてルールが決められました。それは、**1円未満の端数が出たときは、商品ごとに端数処理を行うのではなく、1枚のインボイスにつき、税率ごとに1回だけ端数計算を行う**というものです。

> 端数処理は1枚のインボイスにつき
>
> 異なる税率ごとに1回のみ行う

具体的にみていきましょう。

あなたが100円ショップを経営しているとします。すべての商品は、税込みで100円均一です。お客さまが、100円の商品を20個買っていきました。では、「商品ごとに端数処理を行った場合」と、「まず合計額を計算してから端数処理を行う場合」の違いを確認しましょう。

① 商品ごとに端数処理を行った場合の消費税額

100÷10/110≒90.9円 ⇒ 90円 …… 端数処理

90×10%＝9円 ⇒ 9円×20個＝180円 …… 消費税の金額

② 異なる税率ごとに合計額を計算してから　端数処理を行った場合の消費税額

100÷10/110×20個≒1818.18円 ⇒ 1,818円 …… 端数処理

1,818×10%＝181円 …… 消費税の金額

1円未満の金額を甘く見てはいけない！

いかがでしょうか。

「商品ごとに端数処理を行った場合」と、「まず合計額を計算してから端数処理を行った場合」では、お客さまへ請求すべき金額に1円の差額が生じました。

端数といっても、甘くみてはいきません。取り扱う商品の点数が増えれば、それだけ差額も大きくなってくるからです。

インボイス制度が導入されたら、端数処理の方法は②番に統一されるので注意してください。

なお、切上げ・切捨て・四捨五入のいずれの方法で端数処理するかは、事業者の任意で決めることができます。

6 インボイスを
つくってみよう！

インボイスの書き方を教えてください。

インボイスのタイトルは従来どおり「請求書」「領収書」でOK

それでは、実際にインボイスをつくってみましょう。

インボイスに記載すべき事項は37ページでも説明しましたが、ここでもう一度確認しておきましょう。

インボイスに記載しなければならない内容

1. 発行者の氏名または名称

2. 登録番号　TX-XXXXXXXXXXXX

3. 取引の年月日

4. 取引の内容（8％の商品が含まれている場合は、その旨）

5. 取引の金額（8％と10％に区分したそれぞれの合計額※）
   　※税込金額でも税抜金額でもOK

6. 5に対する消費税額とその税率

7. 受取人の氏名または名称

インボイスのタイトルを「適格請求書」などと表示する必要はありません。これまでと同じように、請求書や領収書、納品書などで大丈夫です。

5. の「取引の金額」は、税込み金額でも税抜き金額でもよいことになっています（下記サンプル参照）。

　5. および 6. の「8％（軽減税率）と10％（標準税率）に区分したそれぞれの合計額とその消費税額」を計算するためには、前項で説明したように、まず商品ごとの取引金額を合計してから、そこにそれぞれの税率を掛けて計算します。

税率8％対象の消費税額

チョコ菓子1,000円＋パスタ2,000円＝3,000円

3,000円×**8％**＝240円

---

① 税率区分ごとの合計額を税抜き金額で記載する場合

請 求 書

〇年〇月〇日

株式会社　RHA御中

10月分　10,940円（税込）

日付	品名	取引金額
10月3日	チョコ菓子※	1,000
10月4日	スプーン	2,000
	パスタ※	2,000
10月7日	フライパン	5,000
合計		10,000
消費税		940

（ 8％対象　3,000円　消費税240円）
（10％対象　7,000円　消費税700円）
※軽減税率対象

株式会社　日実

登録番号　T1-234567890123

> **税率10%対象の消費税額**
>
> スプーン2,000円＋フライパン5,000円＝7,000円
>
> 7,000円×**10%**＝700円

　また、**これらの記載事項は領収書や請求書単独で完結させる必要はありません。**領収書と請求書、納品書などと組み合わせて、トータルで必要事項が記載されていればOKです。

② 税率区分ごとの合計額を税込み金額で記載する場合

請 求 書

〇年〇月〇日

株式会社　RHA御中

10月分　10,940円（税込）

日付	品名	取引金額
10月3日	チョコ菓子※	1,000
10月4日	スプーン	2,000
	パスタ※	2,000
10月7日	フライパン	5,000
合計		10,000
消費税		940

（ 8 ％対象　3,240円　消費税240円）
（10％対象　7,700円　消費税700円）
※軽減税率対象

株式会社　日実
登録番号　T1-234567890123

7 値引きや返品のときも インボイスは必要

値引きや返品がある場合は
どうすればいいの？

返還インボイスを取引先に渡せばOK

　実際のビジネスの現場では、納品が済んで、請求書を発行したあとで、返品や値引きが発生することがあります。その場合、いったん発行したインボイスは、どうすればよいでしょうか。

　その場合でも、当初に発行したインボイスを返却してもらったり、修正したインボイスを再発行したりする必要はありません。

　インボイス発行後に値引きや返品などが発生したら、**最初のインボイスは活かしたまま、値引きなどの内容がわかる書類を作成して取引先に渡します。**

　このとき作成する書類を**適格返還請求書（返還インボイス）**といいます。当初インボイスに記載した課税取引にかかる返品や値引きが発生した場合だけでなく、売上割戻や販売奨励金、協同組合が組合員に支払う事業分量配当金を支払う際にも返還インボイスの作成が必要です。

　返還インボイスは、単独で発行することもできますし、通常のインボイスとセットで1枚にまとめて発行することもできます。

　ただし、値引きや返品などの返還にかかる税込み金額が1万円未満の場合には、返還インボイスの発行は不要です。

　たとえば、端数を切り捨てたり、振込手数料を引いて入金された場合に改めて返還インボイスを作成する必要はありません。

「返還インボイス」に記載しなければならない事項

1. 発行者の氏名または名称

2. 登録番号　TX-XXXXXXXXXXXX

3. 返品など対価の返還を行う年月日

4. 3. の基となった課税取引の年月日

5. 返品などの取引内容（軽減税率8％の商品が含まれている場合は、その旨）

6. 取引の金額（8％と10%に区分したそれぞれの合計額※）
   ※税込金額でも税抜金額でもOK

7. 6. に対する消費税額または税率（両方を記載してもOK）

①単独で発行する場合

請 求 書 （返品分）

〇年10月〇日

株式会社　RHA御中

9月分　3,280円（税込）

日付	品名	取引金額
9月25日	マグカップ	2,000
	キャンディBOX※	1,000
合計		3,000
消費税		280

（8％対象　1,080円　消費税　80円）
（10%対象　2,200円　消費税200円）
※軽減税率対象

株式会社　日実
登録番号　T1-234567890123

②インボイスとセットで作成する場合（消費税を両建てで記載）

請 求 書

〇年〇月〇日

株式会社　RHA御中

10月分　7,660円（税込）

日付	品名	取引金額
10月3日	チョコ菓子※	1,000
10月4日	スプーン	2,000
	パスタ※	2,000
10月7日	フライパン	5,000
合計		10,000
消費税		940

（ 8 ％対象　3,240円　消費税240円）
（10％対象　7,700円　消費税700円）

返品分明細

9月25日	マグカップ	2,000
	キャンディBOX※	1,000
合計		3,000
消費税		280

（ 8 ％対象　1,080円　消費税 80円）
（10％対象　2,200円　消費税200円）
※軽減税率対象

株式会社　日実
登録番号　T1-234567890123

③インボイスとセットで作成する場合（消費税を相殺して記載）

<h1 align="center">請 求 書</h1>

〇年〇月〇日

株式会社　RHA御中

10月分　7,660円（税込）

日付	品名	取引金額
10月3日	チョコ菓子	※1,000
10月4日	スプーン	2,000
	パスタ※	2,000
10月7日	フライパン	5,000
合計		10,000
消費税		940

返品分明細

9月25日	マグカップ	2,000
	キャンディBOX※	1,000
合計		3,000
消費税		280

（ 8 ％対象　2,160円　消費税160円）
（10％対象　5,500円　消費税500円）
※軽減税率対象

株式会社　日実
登録番号　T1-234567890123

8 こんなときは 簡易インボイスの出番です

> タクシーやコンビニでもらうレシートにも宛先を書いてもらうの?

不特定多数を相手にするケースでは最低限の事項の記載があればOK

　タクシーやコンビニエンスストアのように、不特定多数の人に対して販売を行ったり、サービスを提供したりする事業者は、適格請求書（インボイス）ではなく、**適格簡易請求書（簡易インボイス）の発行**が認められています。

　簡易インボイスには、インボイスに必要な「受取人の氏名または名称」（61ページ参照）の記載が義務付けられていません。つまりタクシーに乗った際、**わざわざレシートに名前を書いてもらう必要はない**のです。

　またインボイスには、適用される税率とそれぞれの消費税額のいずれも記載しなければなりませんが、簡易インボイスでは**消費税額か税率のどちらか一方が記載されていればOK**です。

「簡易インボイス」に記載しなければならない事項

1. 発行者の氏名または名称
2. 登録番号　TX-XXXXXXXXXXXX
3. 取引の年月日
4. 取引の内容（軽減税率8％の商品が含まれている場合は、その旨）
5. 取引の金額（8％と10％に区分したそれぞれの合計額※）
　　※税込金額でも税抜金額でもOK
6. 5に対する消費税額または税率

簡易インボイスが認められる主な事業者
- 小売業　・飲食店業　・タクシー業　・写真業　・旅行業
- 不特定多数を対象とする駐車場業
- その他不特定多数の者を対象に取引する事業

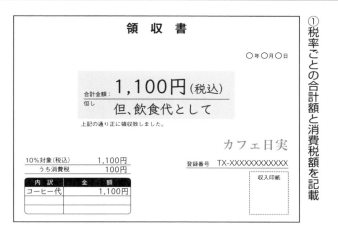

① 税率ごとの合計額と消費税額を記載

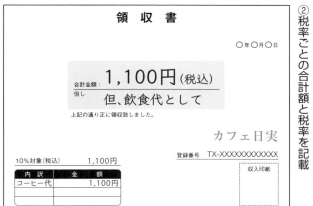

② 税率ごとの合計額と税率を記載

　簡易インボイスは68ページの囲み内の事項が記載されていれば仕入税額控除の条件を満たします。インボイスと異なり、税率ごとの消費税額または適用される消費税率（8％か10％か）のいずれかが記載されていればOKです。また受取人の氏名・名称の記載は必要ありません。

9 インボイスが間違っていたら、どうする？

インボイス発行後に計算ミスを発見！　どうすればいい？

インボイスの間違いがあったら修正する義務がある

　インボイスや簡易インボイスに計算ミスや記載漏れがあると、仕入税額控除の条件を満たさなくなります。

　しかし、たとえ単純なミスであっても、受け取った側がインボイスの修正や加筆をすることは、改ざんになるため認められていません。そのため、受け取ったインボイスの間違いに気づいたら、発行者に修正を依頼しなければならないのです。

　もしフリーランスの皆さんが間違ったインボイスを発行し、**取引先から修正を依頼されたら、次のような方法で修正したインボイスを発行する義務**があります。

　それでは、10％の消費税額の記載が間違っている具体例を見ていきましょう。

間違えて発行したインボイス

請 求 書

○年○月○日

株式会社　RHA御中

10月分　10,940円（税込）

日付	品名	取引金額
10月3日	チョコ菓子※	1,000
10月4日	スプーン	2,000
	パスタ※	2,000
10月7日	フライパン	5,000
	合計	10,000
	消費税	940

（8％対象　3,240円　消費税240円）
（10％対象　7,700円　消費税70円）
※軽減税率対象

株式会社　日実
登録番号　T1-234567890123

消費税を700円とすべきところが「70円」に！

70

間違ったインボイスをは発行したときの修正の仕方

① 修正する箇所を含め、すべての事項を記載したインボイス（簡易インボイス）を再度発行する

①すべての事項を記載する場合

①は全部の事項を記載して再発行する例です。この場合は、買い手側は修正後のインボイスだけを保存することになります。

請 求 書（修正）

〇年〇月〇日

株式会社　RHA御中

10月分　10,940円（税込）

日付	品名	取引金額
10月3日	チョコ菓子※	1,000
10月4日	スプーン	2,000
	パスタ※	2,000
10月7日	フライパン	5,000
	合計	10,000
	消費税	940

（8%対象　3,240円　消費税240円）
（10%対象　7,700円　消費税700円）
※軽減税率対象

株式会社　日実
登録番号　T1-234567890123

② 当初発行したインボイス（簡易インボイス）との関連性を明記のうえ、修正事項のみを記載した書類を発行する

②修正箇所だけを記載

通 知 書

〇年〇月〇日

株式会社　RHA御中

〇年〇月〇日発行の10月分請求書について、下記のとおり誤りがありましたので修正いたします。

（正）
（10%対象　7,700円　消費税700円）

（誤）
（10%対象　7,700円　消費税 70円）

※当初の適格請求書と一緒に保存願います。

株式会社　日実

②は、修正箇所のみを記載した書類を発行する例です。この場合、買い手側は「修正の通知」と当初のインボイス（簡易インボイス）を一緒に保存しておく必要があります。

10 経費の立替払いをしたときは

取引先に頼まれて経費の立替え払いをしました。領収書の宛先が自分になっているけど、どうなるの？

宛名が違うとインボイスの条件を満たさなくなる

　フリーランスのＡさんが、業務の一環として取引先Ｘの代わりに経費や仕入の立替払いをする場合について見ていきましょう。

　このとき、Ａさんのクレジットカードやインターネット上のIDを使って支払ったとすると、領収証や請求書の宛先名が、取引先Ｘではなく、実際に支払いをしたＡさんの名前になっている可能性があります。

　このままＡさんの宛名が記載されているインボイスを取引先Ｘに提出しても、取引先Ｘは仕入税額控除の適用を受けることができません。**他人の名前が記載された領収証や請求書は、適格請求書（インボイス）の条件を満たさない**からです。

立て替えた側は「立替金精算書」を作成する必要がある

　このような場合は、**Ａさんが立替金精算書を作成し、自分が受け取ったインボイス（原本）のコピーを付けて取引先Ｘに提出します。**

　立替払いを依頼した取引先Ｘは、受け取った書類を保存することで、立て替えてもらった経費が仕入税額控除の条件を満たすことになります。

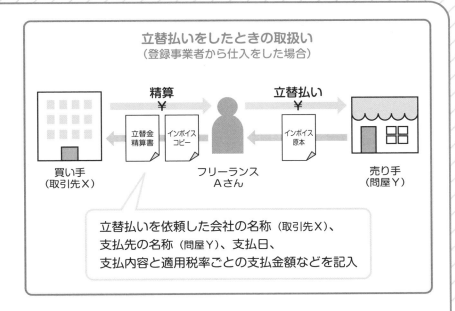

立替払いをしたときの取扱い
（登録事業者から仕入をした場合）

精算　¥　　　　立替払い　¥

立替金精算書　インボイスコピー　　インボイス原本

買い手
（取引先Ｘ）　　フリーランス
Ａさん　　売り手
（問屋Ｙ）

立替払いを依頼した会社の名称（取引先Ｘ）、
支払先の名称（問屋Ｙ）、支払日、
支払内容と適用税率ごとの支払金額などを記入

　インボイスのコピーが大量にある場合は、立替払いを行った側（前述の例であればフリーランス・Ａさん）がインボイスの原本を保存しておきます。立替えを依頼した会社側は、立替払いを行った側から受け取った立替金精算書を保存するだけで仕入税額控除を受けることができます。

　ところで、立替えの場合、支払先（上図の例であれば支払先の問屋Ｙ）が登録事業者であれば、立替払いを行う側（フリーランス・Ａさん）が免税事業者か登録事業者かは関係ありません。
　ただし、**立替金精算書には、その立替金が「登録事業者に対する支払い」なのか、「登録事業者以外の者への支払い」なのかを明記しなければなりません。**
　登録事業者に対する支払いであれば、立替払いを依頼した会社の名称、支払先の名称、支払日、支払内容および適用税率ごとの支払金額など、**その会社**（上図の例であれば取引先Ｘ）**が仕入税額控除を受けるために必要な事項を記載します。**

11 仕入税額控除のために必要なこと

「控除」を受けるためには、受け取ったインボイスを保存しておくだけで大丈夫ですか？

仕入税額控除を受けるにはインボイスを受け取っただけでは不十分

　仕入税額控除とは、課税事業者が納税すべき消費税を計算するとき、受け取った消費税から自分が支払った消費税をマイナスして計算することをいいます。

　インボイス制度のもとで買い手が**仕入税額控除を受けるためには、インボイスの保存だけでなく、取引年月日や取引金額など、法律で定められた事項を記載した「帳簿」を保存**しておく必要があります。29ページの例でいえば、雑貨屋が問屋から商品を仕入れたとき、雑貨屋側に帳簿を作成して保存しておく義務があるということです。

　このときのインボイスには、簡易インボイス（68ページ）や返還インボイス（64ページ）も含まれます。

仕入税額控除の適用を受けるための条件

①法律で定められた事項を記載したインボイスの保存

②法律で定められた事項を記載した帳簿の保存

インボイスに記載すべき事項は61ページで説明したとおりです。

請求書など1つの書類で完結する必要はなく、請求書や領収書、納品書など複数の書類にまたがって必要事項が記載されていれば問題ありません。ただし、合わせ技で必要事項が記載されている場合は、そのすべての書類を保存しておく必要があります。

帳簿に記載すべき事項とは？

仕入税額控除のために、帳簿に記載すべき事項は下記のとおりです。

仕入税額控除を受けるために帳簿に記載すべき事項

①仕入先の氏名または名称

②取引の年月日

③取引の内容（軽減税率8％の商品が含まれている場合は、その旨）

④取引の金額

また、売り手側（29ページの例でいえば問屋）も自分が発行した「インボイスの写し」を保存しておかなければなりません。

フリーランスの皆さんがインボイスを発行したときは、インボイスの写しを保存するということも覚えておいてくださいね。

12 インボイスがなくても いい取引〜発行が難しい場合〜

電車に乗るときはICカード乗車券を使っています。そういう場合もインボイスは必要なの？

帳簿の保存のみで仕入税額控除ができるケースがある

　「電車代を払う」「自動販売機で飲み物を買う」「コインロッカーに荷物を預ける」など、日々の事業活動の中には、その場でインボイスを発行してもらうのは難しいケースがたくさんあります。

　このような場合は、インボイスの保存は不要です（次ページ上表）。インボイスの代わりに**定められた事項を記載した「帳簿」のみを保存**しておけば仕入税額控除を受けることができます。

　表内の①公共交通機関の運賃や⑥自動販売機による商品購入の３万円未満かどうかの判断は「１回ごとの取引」で行います。

　例えば、JRのチケットを２名分購入した場合には、切符１枚単位で判断するのでなく、２名合計で３万円未満ならインボイスは必要ありません。逆に、まとめてひと月分を支払う契約になっている場合でも、月ごとの合計額ではなく、１回の取引ごとに判断することになります。

帳簿に記載する内容が通常と違う点に要注意！

　もう一点、**帳簿に記載すべき事項は前章と少し異なるので注意してください（次ページ下表）。「帳簿」のみの保存で仕入税額控除するためには、31ページの記載事項に加えて、仕入先の住所や特例を受ける旨を帳簿に記載しておかなければなりません。

(1)帳簿の保存のみでOKなケース

① バス・鉄道など公共交通機関の料金

　（税込が３万円未満に限る）

② 回収されて返却されない入場券などの代金

③ 中古車販売事業者などの古物商や質屋などが棚卸資産として仕入れる古物や質物など※

④ 宅地建物取引業者が棚卸資産として仕入れる建物など※

⑤ 再生資源などを棚卸資産として購入する場合※

⑥ 自動販売機による商品の購入

　（税込が３万円未満に限る）

⑦ 郵便切手を対価とする郵便・貨物サービス

　（ポストに投函されたものに限る）

⑧ 従業員などに支給する通勤手当や出張旅費、宿泊費、日当など

※インボイス（適格請求書）発行事業者でない者から仕入れる場合に限る

(2)「帳簿のみの保存」の特例を受けるために必要な記載事項

① 仕入先の氏名または名称

② 取引の年月日

③ 取引の内容（軽減税率８％の商品が含まれている場合は、その旨）

④ 取引の金額

⑤ 仕入先の住所または所在地※

⑥ 帳簿のみで仕入税額控除を受けられる旨（上記(1)の①〜⑧のどの取引に該当するか）

※上表(1)の②および⑥、③および④のうちそれぞれの法律で帳簿に住所・氏名の記載が必要な場合、⑤のうち事業者からの購入に限る

インボイスがなくてもいい取引
～取引額が少額な場合～

　フリーランスに、朗報です。インボイス制度の導入が迫るなか、免税事業者への影響を軽減する目的で、新しい特別ルールが設けられています。

　インボイス制度が導入されても6年間は、少額な取引について、これまでと同様、インボイスがなくても仕入税額控除が認められるというものです。

　対象となるのは、下記の取引の予定です。

軽減措置の内容

対象となる期間	令和5（2023）年10月1日から 令和11（2029）年9月30日までの間
対象となる事業者	基準期間の課税売上高が1億円以下または 特定期間（※）の課税売上高が5,000万円以下
対象となる取引額	支払対価の額が1万円未満（税込み）

※特定期間：個人事業主＝前の年の1月1日～6月30日
　　　　　　法人＝1期前の事業年度開始の日から6か月間

　この軽減措置は、フリーランスにとって2つの意味があります。

　1つは、事務負担の軽減です。

　たとえばタクシーの領収書を会計ソフトに入力する場面を想像してください。インボイス制度が始まると、仕入税額控除の要件を満たしているかどうか、領収書を1枚ずつ確認しなければなりません。これは大変な労力です。1万円未満の領収書で、この手間が省けるのは、小規模な事業者にとって、かなりありがたい特別ルールです。

　2つ目は、取引先のコスト増の軽減です。

　1万円未満の請求書等なら、インボイスの条件を満たしていなくても仕入税額控除できるということは、免税事業者と取引しても、消費税の納税額は増えないケースも考えられます。

　免税事業者としては、これまでと同じように堂々と消費税を請求できるのですから、該当すればより大きなメリットといえるかもしれません。

　ただし、1万円未満かどうかの判定は商品ごとではなく、1回の取引ごとに行うことになっているので注意してください。

第 5 章

紙のやり取りは面倒…
電子取引したい人、集合！

1 電子データのルールを定めた 「電子帳簿保存法」とは

メールでもらった請求書は、どうやって保存するの？

書類は「紙で保存」が原則だけど例外がある！

　会社や個人事業主が自ら作成したり、取引の相手から受け取ったりする書類は、紙の場合も電子データの場合も、どちらもあります。

　ペーパレス化が進んでいる昨今、今後は紙のやり取りより、電子データのやり取りが増えていくのではないでしょうか。

　法人税や所得税の世界では、請求書や領収書といった取引に関連する証ひょう類は「紙での保存」が原則です。

　しかし、電子データでのやり取りが増えるにつれ、パソコン内にあるデータを、わざわざ紙に印刷して保存する手間やコストをかけることに合理性がなくなってきました。

　そこで、**電子帳簿保存法により、一定の条件を満たした場合に限り、電子データでの保存が特例として認められています。**

電子帳簿保存法とは

　電子帳簿保存法とは、保存すべきデータを、①自己が作成する電子帳簿保存、②スキャナ保存、③電子取引データ保存の3つに分類し、それぞれ保存のための条件を定めたルールのことをいいます（次ページ表参照）。

　①の書類としては、たとえば、会計ソフトに入力して作成したデータや貸借対照表や損益計算書、総勘定元帳、現金出納帳、売掛帳、買掛帳、自社で発行した請求書や見積書の控えなどが考えられます。

電子帳簿保法の概要

①自己が作成する電子帳簿保存	自社で最初からパソコンなどで作成した帳簿書類をデータのまま保存する
②スキャナ保存(紙のデータを電子データにして保存)	自社が紙で発行したり、取引先から受け取ったりした書類を電子で保存する
③電子取引データ保存(原本の電子データを電子データのまま保存)	電子でやり取りした電子データ情報を電子データのまま保存する

　②の書類としては、自社が発行した請求書や領収書の他、取引先から受け取った請求書や領収書、見積書などが該当します。

　③のデータとしては、電子メール本文に記載された見積書や請求書、メールの添付ファイル、インターネットのサイトからダウンロードした銀行取引明細、カード明細、EDIシステム（これまで電話やFAXで行っていたやり取りを、専用の回線やインターネット回線を使って、電子データのまま送るシステム）を使ってやり取りした納品書や発注書など、多岐に渡ります。

令和6(2024)年1月から③電子取引データのデータ保存が義務化される

　上表にある①自己が作成する電子帳簿保存と②スキャナ保存（紙のデータを電子化して保存）は、紙での保存をやめて電子データでの保存をしたい場合に適用されるもので、会社が任意で選択することができるものです。

　この場合は、電子で作成したり受け取った書類だけでなく、紙の書類も含め、すべての書類を電子データとして保存することになります。

　一方、③電子取引データ保存（原本の電子データを電子データのまま保存）は、すべての会社や個人事業主を対象に、令和6(2024)年1月1日から義務化される予定のものです。

2 「電子」で保存するための ルールを教えます

紙でもらった領収書は電子で
保存したいのですが！

自己が作成する電子帳簿保存の条件（81ページ表内①）

　会計ソフトなどに入力したデータを、データのまま保存します。した
がって、**使用している会計ソフトや請求書発行ソフトなどが、条件に合
致しているかがポイント**になります。

　保存の条件には、「一般的な帳簿」と「優良な帳簿」の2種類があり
ます。**「優良な帳簿」を保存しておくと、確定申告の時に65万円の青色
申告控除がとれるなどのメリット**があります。
　一般的な帳簿の場合の保存要件は次の3つです。

一般的な帳簿の場合の保存要件

① パソコンやプリンターを備え付け、
　必要なデータを画面上で見たり、
　プリントアウトできるようになっ
　ていること

② 利用したソフトのマニュアルなど
　が備え付けられていること

③ 税務調査の際、調査官の求めに応
　じて必要な情報がダウンロードで
　きること

スキャナ保存の条件（81ページ表内②）

　紙でやり取りした領収書などをデータ化して保存しようというものです。スマホやデジカメで撮影した写真データの保存も可能ですが、**オリジナルの紙そのものを破棄してしまうことから、改ざんを防ぐために下記のような厳しい条件が定められています。**

紙を電子データ保存にする場合の保存要件

① 一定期間内に入力すること

② 一定期間内にタイムスタンプを付与すること

③ 読み取り情報を保存すること

④ 訂正や削除ができないか、または記録されるシ
　 ステムを利用すること

⑤ 契約書や領収書など重要な書類について、画像
　 データと帳簿との関連性が確認できること

⑥ カラーディスプレイやカラープリンターを備え付け、速やかに
　 出力できること

⑦ 利用したシステムのマニュアルなどを備え付けること

⑧ 税務調査の際、調査官の求めに応じて必要な情報が検索できる
　 こと

　上表②に登場するタイムスタンプとは、その時刻に電子データが存在していたこと、その後、改ざんされていないことを証明するデジタル機能です。**タイムスタンプの付与などが期限までに間に合わなかった場合は、電子データでの保存は諦めて、原則どおり紙で保存しておくことになります。**

　なお、データの訂正や削除の履歴が残るなど、電子帳簿保存法に対応した会計ソフトやクラウドシステムを利用すれば、あらためてタイムスタンプの認定事業者と契約する必要はありません。

3 電子でもらったデータは 電子で保存！

電子で受け取った領収書を電子保存するときの注意点は？

電子取引データ保存とは

電子でやり取りしたデータについては、令和6 (2024)年1月1日から、原則としてすべての会社や個人事業主を対象に電子保存が義務化される予定です。これまでは、カード会社から届いた明細書やメールで受け取った請求書も、いったん紙に印刷してから保存しなければなりませんでしたが、「**紙のものは紙保存、電子でやり取りしたデータは電子のまま保存しましょう**」というルールに変わります。

81ページで解説した「自己が作成する電子帳簿保存」(81ページ表内①)や「スキャナ保存」(81ページ表内②) は、会社やフリーランスが任意で選ぶものですが、「**電子取引データ保存**」(81ページ表内③) は、原則としてすべての会社や個人事業主が対象なので、**最低限必要なことを押さえておきましょう。**

電子取引データ保存は、次の4つの条件をクリアする必要があります。

電子取引データ保存の4つの条件

① データの真実性を確保する(改ざん防止)ための措置を講じること

② パソコンやディスプレイ、プリンターを備え付けておくこと

③ システム概要に関するマニュアル類を備え付けておくこと

④ 税務調査の際は、調査官の求めに応じて、取引年月日などの日付・取引金額・取引先名で検索し、ダウンロードできること

　何やら④番が面倒くさそうですが、電子取引データ保存の義務化に合わせて、検索機能のついた保存用ソフトがたくさん出回っています。

　条件を満たしているかどうかは、公益社団法人日本文書情報マネジメント協会（JIIMA）の認証マークが付されているかで判断できます。無料のものから会計ソフトと連携したものまで、たくさん種類があるので、自分に合ったソフトを選んで導入すればOKです。

　ただし、２期前の売上が5,000万円以下の小規模な事業者や出力書面の提示・提出ができる事業者は、税務調査の際、調査官の求めに応じてデータのダウンロードができるようになっていれば、検索機能は不要です。

データの「真実性」をどう確保する？

　前ページ表内①にある「データの真実性を確保するため」には改ざん防止のため、次の４つのうち、いずれかを採用しなければなりません。

「真実性の確保」は以下の４つの方法から採用する

① タイムスタンプが付与されたデータをもらう

② データを受取った後、タイムスタンプを押す

③ データの訂正や削除ができないか、
　　または記録されるシステムを利用する

④ データの訂正・削除に関する「事務処理規程」を作成し、運用する

フリーランスの
皆さんは
迷わず④を
選びましょう！

　フリーランスの皆さんは、迷わず④番の「事務処理規程」を選びましょう。

　国税庁のホームページに規程のサンプルと記載例が載っているので、「電子取引データの訂正及び削除の防止に関する事務処理規程」で検索し、ダウンロードして自分用に加工すればOKです。

　サンプルは「法人用」と「個人事業主用」の２パターンあり、**個人事業主はそのまま使えるようになっています。**次ページに個人事業主用のひな形を紹介しているので、参考にしてください。

電子取引データの訂正及び削除の防止に関する事務処理規程
（個人事業者の例）

電子取引データの訂正及び削除の防止に関する事務処理規程

　この規程は、電子計算機を使用して作成する国税関係帳簿書類の保存方法の特例に関する法律第7条に定められた電子取引の取引情報に係る電磁的記録の保存義務を適正に履行するために必要な事項を定め、これに基づき保存することとする。

（訂正削除の原則禁止）
　保存する取引関係情報の内容について、訂正及び削除をすることは原則禁止とする。

（訂正削除を行う場合）
　業務処理上やむを得ない理由（正当な理由がある場合に限る。）によって保存する取引関係情報を訂正又は削除する場合は、「取引情報訂正・削除申請書」に以下の内容を記載の上、事後に訂正・削除履歴の確認作業が行えるよう整然とした形で、当該取引関係情報の保存期間に合わせて保存することをもって当該取引情報の訂正及び削除を行う。
　　一　申請日
　　二　取引伝票番号
　　三　取引件名
　　四　取引先名
　　五　訂正・削除日付
　　六　訂正・削除内容
　　七　訂正・削除理由
　　八　処理担当者名

　この規程は、令和○年○月○日から施行する。

出所：国税庁　https://www.nta.go.jp/law/joho-zeikaishaku/sonota/jirei/0021006-031.htm

column | 電子取引データの検索要件を猶予されるケースとは

　電子取引データのデータ保存は、令和4（2022）年1月から開始予定でしたが、令和5（2023）年の年末まで実質的に延期されています。

　延期されたのは、一言でいうと企業側の準備が間に合わないからというのが最大の理由です。電子取引データのデータ保存は、大企業だけでなく、中小企業や個人事業主などすべての事業者が対象のため、システムを導入するためにコストがかかったり、ITに対する知識が不足していたりなど、小規模な会社や個人事業主の一部は、対応が難しいというのが実態です。

　そこで、令和5（2023）年12月31日までの2年間に限り、やむを得ない事情があると認められるときは、事実上PDFなどの電子データを紙に印刷して保存することが認められてきました。

　令和5（2023）年の税制改正では、令和5（2023）年12月末日をもって2年間の経過措置が廃止され、代わりに次の2つを条件に、データ保存のための検索要件を満たす必要はないという猶予措置が設けられています。

① 納税地の所轄税務署長が、電子取引データを定められた保存要件に従って保存することができなかったことについて、相当の理由があると認める場合
② 税務調査の際は、調査官の求めに応じてその取引データをダウンロードし、当該データを出力して提示（整然とした形式および明瞭な状態で出力されたものに限る）、または提示の求めに応じることができる場合

　相当な理由としては、資金的な理由などで電子帳簿保存法に対応するシステムの導入が間に合わなかったなどが考えられます。

　紙だけでなくデータでの保存も求められるのが、これまでの経過措置とは異なる点です。とくにECサイトなどからデータをダウンロードする場合は、ダウンロードできる期限が設定されているケースが多いので注意が必要です。

4 電子インボイスの保存方法（発行した側）

インボイスは紙のものを買い手に渡さなければならないの？

PDFなどの電子インボイスでの提供もOK

インボイス（簡易インボイスなど含む）は電子データの形で相手に提供することができます。消費税の世界では、電子データ化された適格請求書のことを電子インボイスと呼びます。

例えば、手書きの請求書をスキャンして作成したPDFデータや、紙で印刷してからPDFにしたもの、エクセルやワードをPDFにしたものも電子インボイスに含まれます。

電子データの主な提供方法

① 光ディスクなどの媒体に電子データを記録して提出する方法

② EDI(電子データ交換)取引[※3]による電子データの提供

③ 電子メールに電子データを添付する方法

④ インターネット上にサイトを設け、そのサイトを通じて電子データを提供する方法

発行した電子インボイスはちゃんと保存しよう

　電子インボイスの発行者は、**自分が作成した電子インボイスを保存する義務があります**。その際、相手に渡した電子インボイスの控えは、データのまま保存することも、紙に印刷して保存することもできます。

　ただし、**インボイスをデータで保存する場合には、電子帳簿保存法に規定するルールに則って保存する必要があります**。

電子インボイス発行者の保存方法

	提供方法	保存方法
手書きの インボイス	紙で郵送など	紙の写しを保存
		紙の写しをスキャナ保存※1
エクセルなどで 作成	紙に印刷して 郵送など	紙の写しを保存
		エクセルなどのオリジナルデータで保存※2
	メールなどに 添付して送信	電子データのまま保存が必要※4
		紙に出力して保存も可能
EDI取引※3 などを利用	通信回線を使った 電子データの交換	電子データのまま保存が必要※4
		紙に出力して保存も可能

※1は電子帳簿保存法における「スキャナ保存」の条件を満たす必要があります。

※2は、同じく電子帳簿保存法における「電子帳簿保存」の条件を満たす必要があります。

※3の「EDI」とは、これまで電話やFAXで行っていた注文書や納品書、請求書などのやり取りを、専用の回線やインターネット回線を使って、電子データのまま送るシステムのことをいいます。

※4については、令和6（2024）年1月1日以降、電子帳簿保存法の「電子取引データ保存」の条件（84ページ参照）を満たす必要があります。ただし、2期前の売上が1000万円以下の小規模な事業者は、電子データの提示ができるようにしてあれば、検索機能は不要です。

※5ただし、資金面で会計ソフトの導入が難しいなど、「相当な理由」があれば、紙保存も認められる方向で検討されているようです。また、検索機能を不要とする対象も、売上5,000万円に引き上げられる予定。

詳しくは、令和5（2023）年12月公表の与党税制改正大綱でご確認ください。

5 電子インボイスの保存方法 （受け取った側）

電子インボイスを受け取った
場合の保存方法は？

電子帳簿保存法に則った電子データのままでの保存がおすすめ

　紙に印刷されたインボイスを郵送で受け取る場面は、今後、どんどん減っていくと予想されます。取引先から電子インボイスの形で受け取った場合は、電子データのまま保存することも、それを紙に印刷して保存することも可能（仕入税額控除を受けられる）です。

　ただし、**インボイスをデータで保存する場合は電子帳簿保存法に規定するルールに則って保存する必要があります**（82ページ参照）。

　というのも、「法人税や所得税の世界」は「消費税の世界」とルールが少し異なっており、**電子データで行った取引情報（請求書、納品書、領収書、見積書など）は、電子帳簿保存法で定められたルールに従って電子保存をしておかないと、青色申告の取り消しなどのペナルティを受ける可能性がある**のです。

　法人税や所得税のルールに踏み込みすぎるのは本書の趣旨からはずれるので割愛しますが、大事なところを具体的にいうと、**令和6（2024）年1月以降は、電子取引により取得した電子インボイスは原則として「電子データのままでの保存」が義務付けられることになっています**（84ページ参照）。

　消費税のルールでは、電子でやり取りをしたインボイスを紙に出力して保存しておくことも可能ですが、**法人税（所得税）にならって電子データのまま保存しておくのがおすすめです。**

電子インボイス受取り側の保存方法

	受取方法	保存方法
手書きの インボイス	紙で郵送など	紙のまま保存
		紙をスキャナ保存※1
エクセルなどで 作成	紙に印刷して 郵送など	紙のまま保存
		紙をスキャナ保存※1
	メールなどに 添付して送信	電子データのまま保存が必要※3
		紙に出力して保存も可能
EDI取引※2 などを利用	通信回線を使った 電子データの交換	電子データのまま保存が必要※3
		紙に出力して保存も可能

※1は、電子帳簿保存法における「スキャナ保存」の条件を満たす必要があります。
※2の「EDI」とは、これまで電話やFAXで行っていた注文書や納品書、請求書などのやり取りを、専用の回線やインターネット回線を使って、電子データのまま送るシステムのことをいいます。
※3については、令和6（2024）年1月1日以降、電子帳簿保存法の「電子取引データ保存」の条件（84ページ参照）を満たす必要があります。ただし、2期前の売上が1000万円以下の小規模な事業者は、電子データの提示ができるようにしてあれば、検索機能は不要です。
※4ただし、資金面で会計ソフトの導入が難しいなど、「相当な理由」があれば、紙保存も認められる方向で検討されているようです。また、検索機能を不要とする対象も、売上5,000万円に引き上げられる予定。
　詳しくは、令和5（2023）年12月公表の与党税制改正大綱でご確認ください。

所得税（法人税）と消費税の違いを押さえよう

　この章で説明している**電子帳簿保存法は「法人税」や「所得税」のルール**です。**「消費税」のルールとは少し違っている**ので、分けて押さえておきましょう。

	消費税		法人税・所得税	
紙での やり取り	原則	特例	原則	特例
	紙で残す	電子もアリ	紙で残す	電子もアリ
電子での やり取り	原則	特例	原則	特例
	電子保存※	紙保存	電子保存※	なし

※令和6（2024）年1月1日からの予定

MEMO

_____

_____

_____

_____

_____

_____

_____

_____

_____

_____

第**6**章

免税事業者が知っておきたい
ポイントはズバリこれです

1 免税事業者が課税事業者になる方法

免税事業者が課税事業者になる2つのケース

　免税事業者の中には、取引先との関係性などからインボイスを発行できるようになったほうが望ましいというケースも考えられます。

　免税事業者のままではインボイスを発行できる立場（適格請求書発行事業者）にはなれないので、**まずは課税事業者になる必要があります。**

　免税事業者が課税事業者になるのは、①自ら選択して課税事業者になるケースと、②免税事業者の条件に当てはまらなくなり、自動的に課税事業者になるケースの2つのパターンが考えられます。

課税事業者となる2つのパターン

① 課税期間開始の日の前日までに、課税事業者となりたい旨の届け出を提出した場合

② 基準期間（32ページ参照）や特定期間（34ページ参照）の課税売上または人件費が1,000万円を超えた場合

①免税事業者が自ら課税事業者の選択をする場合

　免税事業者に該当するかは32ページで見たように、「基準期間の課税売上が1,000万円以下か、または特定期間の売上や人件費が1,000万円以下かどうか」で自動的に判定されるので、特別な届出は一切不要です。

　条件さえ満たせば免税事業者になるということは、逆説的にいうと「免税事業者が課税事業者になるには特別な手続きが必要」ということです。

　具体的には、「課税事業者になりたい期間が開始する前日まで」に「消費税課税事業者選択届出書」を所轄の税務署に届け出る必要があります。

自ら課税事業者を選択する場合の届出の提出期限

	原則	新規開業した場合
個人事業主	課税事業者を選択したい年の前年12月31日まで	開業した年の12月31日まで
法人	課税事業者を選択したい課税期間が始まる日の前日まで	開業した課税期間の最終日まで

提出期限を1日でも遅れたら認められないので、要注意です。

②免税事業者の条件を満たさなくなった場合

　基準期間の課税売上が1,000万円を超えた場合や、特定期間の課税売上や人件費が1,000万円を超えた場合には、自動的に課税事業者になります。その場合は、速やかに課税事業者になったことを所轄の税務署に届け出ます。このとき提出する書類は「消費税課税事業者届出書」です。

　免税事業者が課税事業者になることを選択する場合と、タイトルが似ていますね。消費税の届出書は、どれも名称が似ているので、間違えないように気をつけましょう。

①消費税課税事業者選択届出書のサンプル

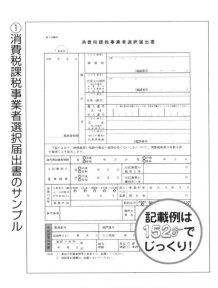

②消費税課税事業者届出書のサンプル

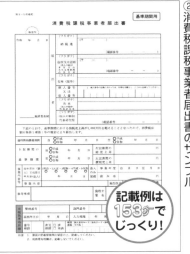

2 免税事業者だった人のための 特別ルールを押さえよう

インボイスを発行できるようになるための原則的なルール

　これまで免税事業者だったフリーランスが、課税事業者になっただけで、インボイスを発行できるようになるわけではありません。インボイスを発行するには、まず**課税事業者になり、かつ適格請求書発行事業者になるための登録申請**（52ページ参照）を行う必要があります。

　このとき**課税事業者となった事業年度の初日からすぐにインボイスを発行する**には、「適格請求書発行事業者の登録申請書」を、遅くとも課税期間の初日から起算して15日前の日までに提出しなければなりません。

　したがって、94ページで説明した「課税事業者選択届出書」の提出も、課税期間の15日前までにすませておく必要があります。

　個人事業主の場合は1月1日から12月31日が課税期間なので、前年の12月17日が期限ということになります。

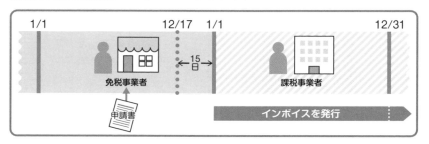

免税事業者が課税事業者を選択する場合の特別ルール

　免税事業者が登録申請するためには、上記のように本来は前事業年度中に「**課税事業者選択届出書**」を提出しなければなりません。免税事業者か課税事業者かは「課税期間の単位」で決まるからです。

　しかし、**令和5（2023）年10月1日から令和11（2029）年9月30日までの日が属する課税期間中に登録する場合は、本来の課税期間に関わらず**

登録日から課税事業者になるという特別ルールがあります。

　そのため、**令和5（2023）年10月1日から令和11（2029）年9月30日ま**での日が属する課税期間中に登録申請しようという場合は、あえて「**課税事業者選択届出書」を提出する必要はありません。**

　例えば個人事業主であるフリーランスが、取引先と相談のうえ、令和6（2024）年6月に「適格請求書発行事業者の登録申請書」を提出し、令和6（2024）年7月1日付けで登録事業者になったと仮定します。

　この場合、令和6（2024）年1月1日から6月30日までは免税事業者なので、これまでどおり納税義務はありませんが、令和6（2024）年7月1日以降は、課税事業者として消費税の申告と納税義務が発生することになります。

登録希望日を申請書に記載した場合の特別ルール

　上記の特別ルールの適用を受けて、免税事業者が令和5（2023）年10月1日から令和11（2029）年9月30日の属する課税期間に適格請求書発行事業者の登録を申請する際は、登録申請書に、提出する日から「15日を経過する日以後の日」を、登録希望日として記載しましょう。

　記載された希望日以後に登録された場合でも、記載された登録希望日にさかのぼって、インボイスを発行することができます。

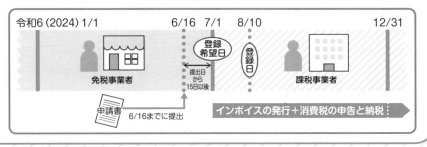

3 起業したときの 特別ルールがある

起業してすぐにインボイスを発行したい場合

　インボイスを発行するためには、登録申請をしてインボイス（適格請求書）発行事業者になる必要があります。しかし、開業・設立したばかりの個人事業主や法人で資本金1,000万円未満の場合（※）は、自動的に免税事業者となります（32ページ参照）。そのため、起業したばかりの人は、そのままでは登録申請を行うことができません。

※特定新規設立法人（課税売上が5億円を超える法人などに50％超の株式を保有されているケースなど）は除く

　新規に事業を始めた個人事業主や法人が、事業開始時からインボイスを発行したい場合は、次の手続きを両方とも行う必要があります。

（1）事業開始時からインボイスを発行したい場合の手続き ①課税事業者選択届出書を提出する

　課税事業者選択届出書は、前事業年度の末日までに提出しなければなりません。しかし、**新設法人の場合、事業を開始した課税期間の末日までに提出すれば、その課税期間の初日にさかのぼって課税事業者となることができます**。個人事業主の場合も同様に、開業した年の12月31日までに提出すれば、1月1日から課税事業者となることができます。

（1）②適格請求書発行事業者の登録申請書を提出する

　適格請求書発行事業者になってインボイスを発行できるのは、登録した日以降が原則です。しかし、**新設法人や新規開業した個人事業主は、適格請求書発行事業者の登録申請書に「事業を開始した日の属する課税期間の初日から登録を受けたい旨」を記載し、課税期間の末日までに提出すれば、その課税期間の初日に登録を受けたものとみなされます**。
　例えば、資本金300万円で令和5（2023）年11月10日に会社を設立し、

大手企業との契約が成立、インボイスの発行を求められたケースを想定してください。インボイス制度の仕組みが理解できず手続きが遅れ、年明け１月５日にあわてて登録申請したと仮定しましょう。その場合でも、前記の申請書を税務署宛に提出すれば、設立日の11月10日にさかのぼってインボイスの発行が可能です。

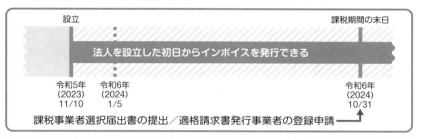

(2) 資本金1,000万円以上で会社を設立した場合

　新設法人であっても、事業年度開始の日における資本金が1,000万円以上の場合などは、設立初年度から消費税の申告義務が発生します。

　その場合は、**事業を開始した課税期間の末日までに、「事業を開始した日の属する課税期間の初日から登録を受けたい旨」を記載した登録申請書を提出する**だけで、この特別ルールの適用を受けることができます。

(3) 令和５(2023)年９月30日以前に設立した場合の特別ルール

　令和５(2023)年９月30日以前に設立した新設法人や、令和５(2023)年１月１日から９月30日までの間に開業した個人事業主が、前記(1)①および② （資本金1,000万円以上の場合は(2)） の手続きを行った場合には、令和５(2023)年10月１日から適格請求書発行事業者になるという特別ルールがあります。

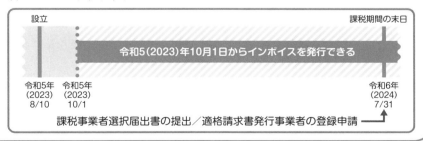

フリーランスにおすすめの簡単な計算方法がある

簡易課税制度を使った計算の仕方をチェック

　登録事業者になると消費税の申告が必要です。受け取った消費税から、自分が払った消費税をマイナスし、税務署に納めるのが基本です。

　「払った消費税」と一口にいっても、年間の消費税を計算するのは大変です。消費税はありとあらゆる支払いについて回るからです。

　かといって、「まとめて全部を1.1で割って計算すればいいや」というわけにはいきません。従業員用に購入したペットボトルのお茶にかかる消費税は8％だし、ボールペンと一緒にコンビニで購入した印紙には消費税が課税されていません。これらを一つずつ区別し、正確に仕入税額控除の計算をするのは、小規模な事業者には相当な事務負担となります。

　そこで登場するのが、「**簡易課税制度**」という特別ルールです。

　簡易課税制度とは、**自分が実際に払った消費税を集計せず、簡単な方法で計算した金額を払った消費税とみなして、仕入税額控除の計算をする**ことをいいます。どのくらい簡単かというと、その年の売上金額に固定のパーセントを掛けて計算するだけです。**この固定のパーセントを「みなし仕入率」**といいます。みなし仕入率は、すべての事業を次ページ上表の6つに区分し、それぞれ次のように決められています。

　39ページの雑貨屋を例にとると、業種区分は第2種の小売業に該当します。したがって、みなし仕入率は80％になります。

> 売上100円 ⇒ 売上にかかる消費税10円
> 受け取った消費税10円－みなし仕入8円（＝10円×0.8）
> ＝納付する消費税2円

　簡易課税制度は業種ごとにみなし仕入率が固定されているので、実際に支払った消費税と乖離する可能性があります。

業種ごとのみなし仕入率

事業区分	業種	固定のパーセント
第1種	卸売業	90%
第2種	小売業など	80%
第3種	製造業・建設業など（加工賃だけを対価とする役務の提供は4種）	70%
第4種	その他の事業（例：飲食店や、材料代を支給され加工賃のみを対価とする役務の提供）	60%
第5種	運輸通信業、サービス業（飲食店は4種）など	50%
第6種	不動産業	40%

　再度39ページを見てください。この雑貨屋の場合、原則的な方法で納める消費税額を計算すると、納税額は6円になります。**簡易課税を使って計算すると2円なので、4円も得したことになります。**

簡易課税に対し、原則的なルールに則って消費税の計算をすることを「**原則課税**」といいます。簡易課税

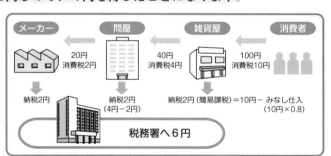

を採用するか、原則課税を選択するかは、一定の制限※はあるものの、**事業者が任意に決めることができます。**

　そこで、原則課税よりも簡易課税を採用したほうがお得な場合は簡易課税を、簡易課税を採用すると納税額が増えてしまう場合は、原則課税を選択するのがおすすめです。

　この簡易課税制度をいかにうまく使うかが、フリーランスにとって重要なポイントなので、しっかり理解してくださいね。

※課税事業者選択中の事業者や新設法人・特定新規設立法人が100万円以上の固定資産を購入した場合や、課税事業者が原則課税で申告した期間中に1,000万円以上の資産を取得した場合などには、最低3年間は簡易課税を選べないという制限がかかります（＝3年縛りのルール）。

5 簡易課税を使うためには届出が必要です

2期前の課税売上が5,000万円以下なら簡易課税が使える

　小規模な事業者の事務負担を軽くするために導入されたのが、**簡易課税制度**という特別ルールです。小規模事業者かどうかは、免税事業者と同じように、2期前（個人事業主は2年前）の課税売上で判定します。

　101ページでも説明したとおり、高額な資産を購入した場合などの例外を除いて、**2期前の課税売上が5,000万円以下であれば簡易課税を選択**することができます。

簡易課税を使うための判定基準	
個人事業主	2年前の課税売上が5,000万円以下か
法人	2期前の事業年度の課税売上が5,000万円以下か

「簡易課税制度選択届」の期限に要注意！

　簡易課税制度を選ぶかどうかは、原則として事業者が任意に決めることができますが、2期前の売上が5,000万円以下でも、免税事業者のように自動的に簡易課税になるわけではありません。

　簡易課税を選択したいフリーランスは、「事前に」このルールを使いたい旨の届出を所轄の税務署に提出します。

　届出の期限は、簡易課税制度を使いたい課税期間の開始の前日までです。簡易課税制度は特別ルールなので、期限に1日でも遅れたら、本来の原則課税が適用されることになります。

　届出書の名前は「**消費税簡易課税制度選択届出書**」といいます。消費税の届出書は、どれも名称が似ているので、提出書類を間違えてしまうと認められないので注意しましょう。

届出書の提出期限

	原則	新規開業した場合
個人事業主	簡易課税を適用したい年の前年12月31日まで	開業した年の12月31日まで
法人	簡易課税を適用したい課税期間が始まる日の前日まで	開業した課税期間の最終日まで

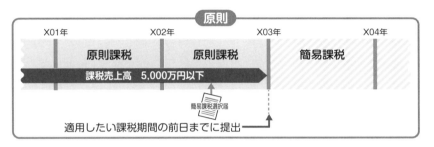

簡易課税選択届

適用したい課税期間の前日までに提出

簡易課税の届出は、課税期間が始まる前に提出しなければならない点が、悩ましいところです。「１年先のことは、誰にもわかりません。簡易課税のほうが得だと思って選んだのに、決算を組んでみたら、原則課税のほうがよかった」ということも十分あり得ます。

どちらが有利かわからないときは原則課税がおすすめです。簡易課税は、得をする可能性もありますが、かえって損をするリスクもあるからです。

消費税簡易課税制度選択届出書

記載例は154ページでじっくり！

一方、原則課税は、受け取った消費税から払った消費税を控除して納付するので、得はしないけれど、絶対に損をすることはありません。

「簡易課税制度選択届け」の特別ルール

簡易課税を選択しようとする場合、本来であれば適用したい課税期間の前日までに届け出ておかなければなりません。

しかし、「届出書を提出する段階では、簡易課税と原則課税のどちらが有利か判断できない」というフリーランスは多いのではないでしょうか。

一方で、インボイス制度の導入にあたっては、免税事業者が令和5(2023)年10月1日から令和11(2029)年9月30日までの間に登録事業者になった場合は、本来の課税期間に関わらず、登録日から課税事業者となるという特別ルールがありました（96ページ参照）。

簡易課税選択の原則どおりに考えると、これまで免税事業者だったフリーランスは、インボイスの登録申請をする前の年度中に、簡易課税か原則課税を選んで届出をしておかなければならないことになります。しかし、それはまったく現実的ではありません。

そこで、**免税事業者が、課税期間の特別ルールを使って登録事業者になった場合にかぎり、その課税期間から簡易課税制度の適用を受けたい旨を記載して「消費税簡易課税制度選択届出書」を提出すれば、その提出した課税期間から簡易課税制度を使うことができます。**

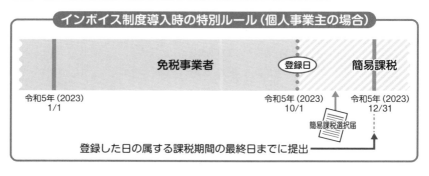

インボイス制度導入時の特別ルール（個人事業主の場合）

免税事業者　　登録日　簡易課税

令和5年 (2023)　1/1

令和5年 (2023)　10/1

令和5年 (2023)　12/31

簡易課税選択届

登録した日の属する課税期間の最終日までに提出

免税事業者の特別ルールを受けるための提出期限

個人事業主　登録日の属する年の12月31日まで

法人　　登録日の属する課税期間の最終日まで

6 簡易課税をやめるときは届出が必要です

簡易課税から原則課税に戻りたいときにも手続きが必要

　簡易課税制度を選ぶか、原則課税で申告するかは、高額な資産を購入した場合など特別なケースを除いて、フリーランスの自由意志で決めることができます。

　ここでは、「計算が簡単だから簡易課税を選んだけれど、やっぱり原則課税のほうが納税額が少なくて済むから、原則課税に戻りたい」というケースを考えてみます。

　例えば、**次のような場合は原則課税のほうが得になる可能性があります。**

- これまで社員が行ってきた業務を外注することにした
- 大きな設備投資を考えている
- 今後は輸出が増えそうだ

　この場合は、「事前に」所轄の税務署に届出書を提出すれば、簡易課税制度をやめて、原則課税に戻ることができます。

　届出の期限は、簡易課税制度をやめたい課税期間の開始の前の日までです。一日でも遅れたら原則課税に戻ることができないので、とくに設備投資を考えている場合は、注意が必要です。

　届出書の名前は**「消費税簡易課税制度選択不適用届出書」**といいま

消費税簡易課税制度選択不適用届出書

記載例は155ページでじっくり！

す。**消費税の届出書は、名前が似ているので、間違えないように慎重に確認してください。**

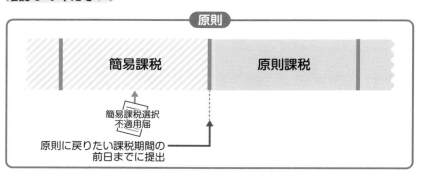

原則課税に戻るための届出期限	
個人事業主	簡易課税をやめたい年の前年12月31日まで
法人	簡易課税をやめたい課税期間が始まる日の前日まで

2年縛りのルールに気をつけよう

　注意したいのは、**一度、簡易課税制度を選んだら、最初の課税期間の初日から原則として2年間は、取りやめのための届出書は提出できない**という2年縛りのルールがあることです。

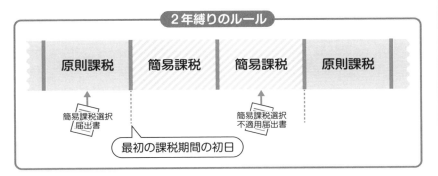

　つまり、「**いったん簡易課税制度を選んだら、原則として最低2年間は、原則課税には戻れませんよ**」という制限がかかっているのです。

　簡易課税を選ぶための届出書も、やめるための届出書も、原則として前期中に提出しなければならないので、提出の時点では、どちらが得か予想して提出しなければならないのが悩ましいポイントです。
　「**簡易課税を選んだ1年目は、簡易課税の方が有利だったけど、2年目は逆に納税額が増えちゃった**」というケースもあり得ます。

簡易課税を選んだら簡単には変更できないということを頭にいれて、慎重に判断しなければなりませんね。

**フリーランス必見の
お得な「2割特例」とは？**

　これまで免税事業者だったフリーランスに、またまた朗報です。

　課税売上1,000万円以下の小さな会社や、個人事業主が登録事業者になった場合、消費税の納税額は、受け取った消費税の2割でよいという、メガトン級の特別ルールです。対象となるのは、令和5（2023）年10月1日から令和8（2026）年9月30日までの日が属する課税期間中にインボイス発行事業者になったために免税事業者でなくなった人や会社です。

　考え方は100ページの簡易課税と同じです。簡易課税と違うのは、業種に関わらず、すべての小規模な事業者は、受け取った消費税に20％を掛けて納める税金の計算をするという点です。免税事業者の強い味方である「簡易課税」を、パワーアップさせた特別ルールであることは間違いありません。

　何故ならフリーランスの多くは、101ページの業種区分のうち、第5種に該当するのではないかと思われるからです。つまり、3年間の特別ルールが採用されると、納税額は60％削減されることになります。

　具体的に見ていきましょう。

Webデザイナーの K さん（126ページ）の例を使って納税額を比較すると……

簡易課税を使った場合

	税込み金額	うち消費税
売上	990万円	90万円
納税額	45万円	

＊9,000,000×10％×0.5（みなし仕入率）
　＝450,000
　900,000−450,000＝450,000

2割特例を使った場合

	税込み金額	うち消費税
売上	990万円	90万円
納税額	18万円	

＊9,000,000×10％×0.8（小規模事業者の軽減措置）
　＝720,000
　900,000−720,000＝180,000

　いかがでしょうか？　簡易課税を使った場合の納税額は45万円。2割特例を使った場合の納税額は18万円ですから、27万円も得することになります。

簡易課税と2割特例の違い

　この特別ルールは、これまで消費税の申告と無縁だった人のために創設されたものなので、手続きも簡単になっています。簡易課税のように事前の届出を提出する必要はなく、申告書に2割特例をつかって計算した旨を付記するだけでOKです。

　簡易課税のような２年縛り（107ページ参照）もなく、申告時に原則課税（簡易課税の届出をしている場合は簡易課税）と、どちらか有利なほうを選ぶことができます。

　この特別ルールを採用すれば、これまで免税事業者だった人が課税事業者になって堂々と消費税を請求したとしても、納税額は低く抑えられるという訳です。

２割特例の対象とならない場合

　この特別ルールは、インボイス発行事業者にならなければ免税事業者のメリットが受けられたはずの人が対象です。したがって、次のようなケースは２割特例の対象にならないので注意してください。

① 「課税事業者選択届出書」を提出して、令和５（2023）年10月１日前から課税事業者となっている場合
② 基準期間や特定期間の課税売上高が1,000万円を超えている場合
③ いわゆる３年縛り（101ページ参照）の対象者
④ 課税期間を短縮する特例を受けている場合
⑤ 設立時の資本金1,000万円以上などの理由により、免税事業者になれない場合（34ページ参照）

　①は、消費税の還付を受けるために、すでに課税事業者選択届出書を提出しているケースが想定されます。その場合には、令和５（2023）年10月１日の属する課税期間中に「課税事業者選択不適用届出書」を提出すれば、従前に提出した課税事業者選択届出書は無効になります。

　このまま課税事業者として還付を受けたほうが得か、２割特例を使ったほうが得かのシミュレーションを行い、有利なほうを選択しましょう。

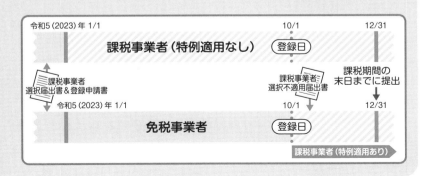

7 免税事業者に戻るときも 届出が必要です①

インボイス（適格請求書）発行事業者の登録の取消し

　「いったんインボイス（適格請求書）発行事業者になったけれど、やっぱり免税事業者に戻りたい」という場合、どのような手続きが必要かをみていきましょう。

　インボイス発行事業者が免税事業者に戻るためには、次の２つの書類を所轄の税務署長に提出する必要があります。

> **インボイス発行事業者が免税事業者に戻るための提出書類**
>
> ① 適格請求書発行事業者の登録の取消しを求める旨の届出書
>
> ② 課税事業者選択不適用届出書

　まずは、①インボイス発行事業者の登録の取消しについて、詳しく見ていきましょう。

　いったんインボイスの登録事業者になると、たとえ基準期間の売上が1,000万円以下だったとしても、消費税の申告・納税は免除されません。

　免税事業者に戻るためには、まず**登録取消の届出書を提出**して、インボイス発行事業者をやめる必要があります。

　登録を取り消したい旨の届出書を提出すると、インボイス発行事業者としての登録が取り消され、インボイスの発行ができなくなります。

　免税事業者が登録申請したときは、本来の課税期間に関わらず、登録日から課税事業者になりましたが、**登録取り消しの場合は、会計期間の単位で登録が失効する**ことになります。

届出書をいつ提出したかでインボイスが発行できなくなる日が異なるので注意してくださいね！

登録の効力が失われる日

提出日	効力が失われる日
翌課税期間の初日からさかのぼって15日前の日まで	提出日の属する期の翌課税期間の初日
翌課税期間の初日からさかのぼって15日前の日を過ぎた場合	提出日の属する期の翌々課税期間の初日

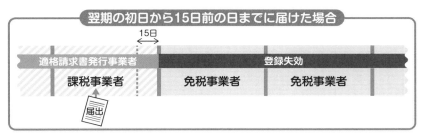

翌期の初日から15日前の日までに届けた場合

翌期の初日から15日前の日を過ぎて届けた場合

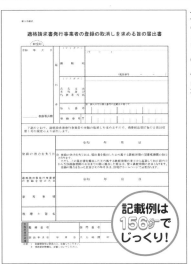

適格請求書発行事業者の登録の取消しを求める旨の届出書

記載例は**156**㌻でじっくり!

8 免税事業者に戻るときも 届出が必要です ②

課税事業者をやめるための手続き

　令和5（2023）年10月1日から令和11（2029）年9月30日の間、免税事業者は課税事業者選択届出書を出さなくても、登録申請をすることができました（96ページ参照）。

　しかし、この期間を過ぎてから登録する場合や、この期間中であっても、適格請求書発行事業者の登録申請書と一緒に「課税事業者選択届出書」を提出している場合には、登録の取り消しを求める旨の届出書を出しただけでは、免税事業者に戻ることができません。

　登録を取り消しても、自ら課税事業者を選んだという状態は解消されていないからです。

　一方で、課税事業者選択不適用届出書だけを提出しても、適格請求書発行事業者の登録取消しをしなければ、課税事業者の状態が続いてしまうので、消費税の申告義務も続くことになります。

　このようなケースでは、登録取消の届出書と同時に、「課税事業者選択不適用届出書」を提出してはじめて、消費税の申告・納税が免除されることになります。

　「課税事業者選択不適用届出書」の期限は、免税事業者に戻りたい課税期間の開始の前日までです。

課税事業者選択不適用届出書の提出期限

個人事業主	免税事業者に戻りたい年の前年12月31日まで
法人	免税事業者に戻りたい課税期間が始まる日の前日まで

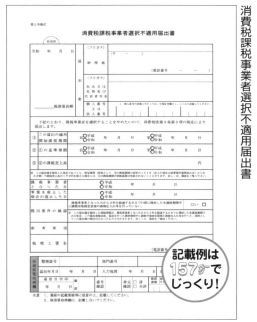

消費税課税事業者選択不適用届出書

インボイス制度スタート時の特例もあります

　令和5（2023）年10月1日から令和11（2029）年9月30日までの間に、課税事業者選択届出書を提出せずに登録した免税事業者は、上記の「課税事業者選択不適用届出書」を提出しなくても、登録取消の届出だけを提出すれば、免税事業者に戻ることができます。

　上記の特例期間であっても、あえて「課税事業者選択届出書」を届出している場合は、選択不適用の届出書と登録取消の届出書の両方が必要なので気をつけてください。

9 免税事業者に戻るときも 届出が必要です ③

2年縛りのルールがある背景

　免税事業者が課税事業者選択届出書を提出して、**あえて課税事業者になった場合、最初の課税期間の初日から数えて2年目の日が属する課税期間の初日以降でなければ、「課税事業者選択不適用届出書」は提出できない**という2年縛りのルールがあります。簡単にいうと、いったん課税事業者になったら、最低でも2年間（100万円以上の高額な資産を購入した場合などは3年間）は免税事業者に戻ることはできませんよ、という意味です。

2年縛りのルール

令和6年 (2024) 1/1	令和7年 (2025) 1/1	令和8年 (2026) 1/1	令和9年 (2027) 1/1	令和10年 (2028) 1/1
免税事業者	課税事業者	課税事業者	免税事業者	

　このような制限がある背景には、状況によって、<mark>納税を免除されている免税事業者よりも課税事業者のほうが得になるケースもある</mark>からです。
　例えば、スケルトンの店舗を借りてレストランをオープンした場合、初年度は多額の内装費用がかかり、まだ売上は目標には届きません。
　受け取った消費税より払った消費税が多い場合、その差額について還付を受けることができますが、申告が免除されている免税事業者は還付を受けることができません。そこで、あえて課税事業者を選択して、払い過ぎた消費税を還付してもらおう、と考えるケースなどです。
　税務署としては、還付を受けたいときだけ課税事業者になって、すぐ次の年から免税事業者のメリットを受けるのはずるいのではないか……という考えから、2年（3年）縛りのルールが設けられているようです。

インボイス制度スタート時の特別ルール

　インボイス制度のスタートにあたり、令和5（2023）年10月1日から令和11（2029）年9月30日までの間の日が属する課税期間においては、登録した日から課税事業者になれるという特別ルールがありました。

　その場合も、令和5（2023）年10月1日以降に開始する課税期間について、登録日から2年を経過する日の属する課税期間の末日までは、免税事業者に戻ることはできません。（この期間に登録した場合に限り、高価な資産を購入した場合の3年縛りは2年縛りに軽減されています）。

令和5（2023）年10月1日の属する課税期間の特別ルール

　上記のインボイス制度スタート時の特別ルールに関わらず、**令和5（2023）年10月1日の属する課税期間に登録した免税事業者には、さらに特典があります。なんと、2年縛りや3年縛りの制限が一切ありません。**

　例えば、「悩んだあげく令和5（2023）年10月1日から登録したけど、免税事業者がよかった」というケースを考えてみましょう。

　個人事業主は、1月1日から12月31日が課税期間です。**登録を取り消す場合には、翌課税期間の初日から15日前の日までに提出しなければならない（111ページ参照）ので、令和5（2023）年12月17日までに登録取消の旨の届出書を提出すれば、最短で令和6（2024）年1月1日から免税事業者に戻ることができる**というわけです。

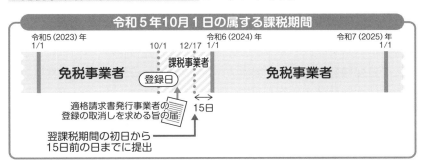

令和5年10月1日の属する課税期間

115

10 ちょっと待って！決めるのはまだ早い!?

インボイス制度のインパクトを軽減する経過措置がある！

　インボイス制度が始まると、皆さんの取引先は、登録番号を記載したインボイスを取得し、保存しておかなければ、仕入税額控除が受けられません。

　皆さんが免税事業者の場合はインボイスを発行できないため、取引先は消費税額相当分だけ納税額が多くなります。**結果的にインボイス制度は免税事業者に何らかの影響を与えてしまうのです。**

　登録申請して課税事業者になるべきか、免税事業者のままでいるべきか……。なんと言ってもいったん登録事業者になると簡単には免税事業者に戻れないのが悩ましいところです。

　実は、そんな人たちのために、経過措置が講じられています。**令和11（2029）年９月30日までは、インボイスの発行がなくても課税事業者に支払ったものとみなし、一定割合の仕入税額控除を認める**というものです。ただし、段階的に控除できる割合を減らしていき、**令和11（2029）年10月１日以降は完全に仕入税額控除ができなくなります。**

　なお、経過期間の間、買い手側が免税事業者に払った消費税を仕入税額控除するためには、①区分記載請求書（31ページ参照）に記載すべき事項が記載された請求書等と②80％控除対象または50％控除対象など経過措置の適用を受ける旨を記載した帳簿の保存が条件です。

　この経過措置の期間を、登録の申請をすべきかどうかを考えたり、取引先と料金の交渉をするために、有効に使いましょう。

受け取った消費税から免税事業者に払った消費税を控除できる割合

期間	割合
令和５（2023）年10月１日から令和８年９月30日まで	80％控除可能
令和８（2026）年10月１日から令和11（2029）年９月30日まで	50％控除可能
令和11（2029）年10月１日以降	控除できない

第7章

フリーランス必読
「救いの道」を探る！

1 課税事業者と免税事業者、どちらが得するかチェック

**動画編集者
カメラマン**

Q 登録番号がないと消費税を請求
できなそうなのは理解しました。
ただ、収入が不安定なので、
どうすればいいものか…。

取引先からもらう消費税の全額が
目減りするわけではありません。
目減りする手取り額を予測し
て、対応策を考えましょう。 **A**

8ページの
答えは
コレだ!

課税事業者と免税事業者の手取り額をシミュレーションしよう

　インボイス制度のもとでは、登録事業者でなければ、インボイスは発行
できなくなります。

　動画編集者・Yさんの取引先である結婚式場にとっても、インボイスを
取得できなければ、その分だけ消費税の納税額が増えてしまうため、以前
と同じ金額を支払うことは難しくなってしまうのです。
　そのため、動画編集者Yさんは、結婚式場から消費税相当分の70万円を
請求しないよう求められる可能性が懸念されます。

　**インボイスを発行できず、取引先に消費税を請求できなくなったからと
いって、機材を購入する業者が消費税の支払いを免除してくれるわけでは
ありません。** これは、忘れてはいけないポイントです。
　法律が変わったことを、嘆いていても仕方ありません。**今すぐ確定申告
書を取り出して、免税事業者の場合と課税事業者の場合のシミュレーショ**

ンをしましょう。

　免税事業者を選択したために、これまでは請求できていた消費税分の収入が減る場合の手取り額と、課税事業者を選んで、これまでどおりに消費税を請求し、受け取った消費税は税務署に納める場合の手取りを比較するためです。もしかすると課税事業者になったほうが、手元に残るお金は多いかもしれません。

Ｙさんの場合、免税事業者のままだと手取り額が70万円少なくなる

　では動画編集者Ｙさんの場合で計算してみましょう。

　インボイス制度導入前のＹさんの確定申告は下記のとおりです。

	税込み金額	うち消費税
年収	770万円	70万円
経費	500万円	45万4,000円※
手元に残るお金	270万円	

※5,000,000÷1.1×10%≒454,000

　まずＹさんが課税事業者となった場合の消費税の納税額を予測しましょう。

課税事業者になった場合

	税込み金額	うち消費税
年収	770万円	70万円
経費	500万円	45万4,000円※1
消費税	24万6,000円	
手元に残るお金	245万4,000円※2	

※1　5,000,000÷1.1×10%≒454,000
※2　(7,700,000−5,000,000)−246,000＝2,454,000

　Ｙさんが課税事業者になった場合に、税務署に納める金額は、結婚式場からもらう70万円ではなく、機材費と一緒に払った45万4,000円をマイナスした24万6,000円です。

では、Ｙさんが免税事業者を選んだ場合と課税事業者を選んだ場合の、それぞれの手取り金額を比較してみましょう。

　次に、Ｂさんが免税事業者のままで、消費税相当分を値引きした場合の手取り額を確認します。

	税込み金額	うち消費税
年収	700万円	——
経費	500万円	45万4,000円 ※1
手元に残るお金	2,000,000円 ※2	

※1　5,000,000÷1.1×10%≒454,000
※2　7,000,000−5,000,000＝2,000,000

選択	目減りする金額
免税事業者の場合	70万円
課税事業者の場合	24万6,000円

　いかがでしょうか。**免税事業者のままで、消費税相当分を減額するよりも、課税事業者を選択して、これまでどおり消費税を請求し、もらった消費税の納税するほうが、目減り金額が少ない**ことがわかりました。

　Ｙさんのケースで、結婚式場側が消費税相当額を減額するように求めてくる場合は、登録事業者になって消費税を請求したほうが得だということになります。

取引先と交渉する

　目減りする金額が計算できたら、消費税の目減り額分について、取引先と料金の交渉をしましょう。

　取引先にとって、フリーランスの皆さんは、なくてはならない存在だというケースがかなりあります。皆さんを失ったら、サービスの質が落ちたり、サービスそのものが提供できなくなる可能性もあるからです。

　取引先も今回の改正が、免税事業者が影響を受けることは百も承知です。インボイス制度の導入にあたって、フリーランスの皆さんが困らないような、よい知恵はないかと考えている企業は少なくありません。

Ｙさんは、登録事業者になった場合に発生する目減り分の増額を求めて、結婚式場に報酬改定の交渉をすることにしました。

目減りする金額(年額)	24万6,000円
結婚式の回数(年間)	70回
1回あたりの目減り額	3,500円 ※1

※1　246,000円÷70回＝3,500円

Ｙさんの場合、目減りする金額は、撮影１回あたり3,500円という事がわかりました。

そこで結婚式場に対し、これまで１回あたり10万円だった報酬を、103,500円（消費税別）にアップしてもらうよう交渉。果たして結婚式場が値上げに応じてくれるのか不安でしたが、Ｙさんは動画編集チームの中心的存在ということが認められ、希望どおりの報酬額を獲得することができました。

インボイス導入前の確定申告と比べてください。課税事業者になっても、手元に残るお金が目減りしなくて済む形になっています。

	税込み金額	うち消費税
年収	796万9,500円	72万4,500円 ※1
経費	500万円	45万4,000円 ※2
国に納める消費税	27万500円 ※3	
手元に残るお金	269万8,500円 ※4	

※1　103,500×70回×1.1＝7,969,500
※2　5,000,000÷1.1×10%≒454,000
※3　724,500－454,000＝270,500
※4　7,969,000－5,000,000－270,500＝2,698,500

2 原則課税と簡易課税、どちらが得するかチェック

YouTuber
歌手・タレント
俳優・古着販売
ネットショップ

Q 清純なイメージで売っている
地下アイドルだから登録事業者
になるけど、手取りは極力、
減らしたくない…。

**10ページの
答えは
コレだ!**

原則課税と簡易課税の２種類の
方法を使って、どちらが得
かを計算しましょう。 A

原則課税と簡易課税の納税額をシミュレーションしよう

消費税は、本来なら受け取った金額から、経費と一緒に払った消費税を引いて、納める税金の額を計算します。

しかし、**基準期間の売上が5,000万円以下の場合は、もっと簡単な方法で計算できるという特別ルール**があります。

特別ルールでは、**実際に自分が払った消費税の実額に関係なく、売上に一定の割合を掛けて、仕入税額控除の金額を計算します。**

一定の割合は、業種によって決まっていて（101ページ参照）、Aさんのケースでは、出演料（スポンサー料含む）50%、古着販売80%で計算することになります。

簡易課税は、おばあちゃんが一人で経営しているような町の小さなお店が、ちゃんと帳簿をつけるは大変でしょうという、ある意味思いやりの制度なのですが、実務の現場では国の思惑とは異なる運用がなされています。

賢い国民は、原則課税と簡易課税のどちらの方法を選んだほうが、納める税金が少なくて済むかを予測し、得な方法で計算しているのです。

インボイス制度導入後にはＡさんは登録事業者になると決めているので、どちらの方法が手元に残る金額が多いかをシミュレーションしましょう。Ａさんの確定申告は以下のとおりです。

		税込み金額		うち消費税
年収	出演料	430万円 ※1		30万円
	古着販売	550万円		50万円
経費	385万円5950円			35万円
手元に残るお金	595万円 ※2			

※1　うち国外取引100万円
※2　（4,300,000＋5,500,000）−3,850,000＝5,950,000

原則課税を選択した場合の手取り額は550万円

まずは、原則的な方法で、納める消費税の額を計算しましょう。

アイドルとしての活動以外に古着販売もしている地下アイドルＡさんが取引先から受け取る消費税は、ギャラやスポンサー料が30万円、古着販売のお客さまから50万円のあわせて80万円です。また、**YouTubeから受け取る広告料収入は、2022年現在、国外取引に該当するので、消費税は課税されません。**

一方で、Ａさんが払う消費税は、古着の買取り時に払う35万円。税務署に納める消費税は、80万から35万円を差し引いた45万円です。

売上から経費と納める消費税を差し引くと、手元に残るお金は550万円ということになります。**インボイス制度が導入される前と比べて、目減りする金額は、消費税相当額の45万円ということがわかります。**

		税込み金額		うち消費税
年収	出演料	430万円 ※1		30万円
	古着販売	550万円		50万円
経費	385万円			35万円
国に納める消費税	45万円 ※2			
手元に残るお金	550万円 ※3			

※1　うち国外取引100万円
※2　300,000＋500,000＝800,000
　　800,000−350,000＝450,000
※3　（4,300,000＋5,500,000）−3,850,000−450,000＝5,500,000

簡易課税を選択した場合の手取り額は570万円

次に、簡易課税を選択した場合の、納税額を計算しましょう。

簡易課税方式で消費税額を計算するときは、まず事業の種類ごとに売上をわけます。簡易課税のルールでは、実際の支払額ではなく、あらかじめ決まっているみなし仕入率を売上に掛けて仕入税額控除を計算するからです（101ページ参照）。

Aさんの場合のみなし仕入率は、出演料やスポンサー収入はサービス業に該当するので50%、古着の販売は消費者への小売りに該当するので80%です。

それぞれ、受け取った消費税にみなし仕入率を掛けて計算すると、控除できる仕入税額は55万円。**YouTubeの広告料収入は国外取引なので計算に含めません。**

これを受け取った消費税80万円からマイナスすると、納付する税金は25万円という計算になります。

インボイス制度が始まる前の手取り額と比較すると、目減りする金額は、消費税相当分の25万円という結果になりました。

		税込み金額		うち消費税
年収	出演料	430万円 ※1		30万円
	古着販売	550万円		50万円
経費		385万円		35万円
国に納める消費税		25万円 ※2		
手元に残るお金		570万円 ※3		

※1　うち国外取引100万円
※2　出演料　みなし仕入れ率　50%
　　　300,000×0.5＝150,000
　　　古着販売みなし仕入れ率80%
　　　500,000×0.8＝400,000
　　　150,000＋400,000＝550,000
　　　納付する消費税
　　　800,000－550,000＝250,000
※3　(4,300,000＋5,500,000)－3,850,000－250,000＝5,700,000

では、原則課税を選択した場合と簡易課税を選択した場合の、手取りの減少額を比較してみましょう。

選択	目減りする金額
原則課税の場合	45万円
簡易課税の場合	25万円

Ａさんの場合は、簡易課税制度を選んだほうが得だということがわかりました。

つまり、課税事業者になったとしても、簡易課税という特別ルールを使うと、免税事業者のときほどではありませんが、得をすることもあるということです。

免税事業者のままでいるために報酬を減額されるぐらいなら、課税事業者になって堂々と消費税を請求したほうが得をするフリーランスは多いと思われます。

さらに、令和5年度の税制改正で**インボイス制度がスタートしても令和8（2026）年9月30日までは2割特例**（108ページ参照）**を利用できるようになりました。**登録事業者になって2割特例を使った場合の手取り額は次のとおりです。

〈参考〉2割特例を使った場合の手取り額

		税込み金額	うち消費税
年収	出演料	430万円	30万円
	古着販売	550万円	50万円
経費		385万円	35万円
国に納める消費税		16万円 [※1]	
手元に残るお金		579万円 [※2]	

　※1　納付する消費税
　　　　800,000－800,000×0.8＝160,000
　※2　4,300,000＋5,500,000－3,850,000－160,000＝5,790,000

まずは、自分の確定申告書をもとに、どの程度の金額が目減りしてしまうのか、数字の確認をしてから今後の対策を検討しましょう。

③ 目減り額をケースごとに予測して取引先と交渉する

売上が1,000万円前後の人

Q これまで売上が1,000万円前後で推移するから登録事業者になったり免税事業者に戻ったりしてたんだけどな…。

12ページの**答え**は
コレだ！

いったん登録事業者になったら原則2年間は免税事業者に戻れません。登録事業者となった場合に目減りする手取り額を予測して慎重に判断を！

A

いったん登録事業者になると原則2年間は免税事業者に戻れない

2年前の売上が1,000万円を超えたら、これまでと同じように課税事業者になりますが、**課税事業者になっただけではインボイスは発行できません。**

インボイスが発行できないと、消費税相当分だけ、取引先の負担が増えることになります。大手企業のWebデザイナーというKさんの立場を考えると、登録事業者にならなければ消費税相当額は値引きせざるを得ないかも。

しかし、いったん登録事業者になると、2年前の売上金額に関係なく、原則として2年間は免税事業者に戻ることができません。**免税事業者に戻りたい場合は、登録を取消したい旨の届出書を、戻りたい年の前年中（その課税期間の末日から30日より以前まで）に提出する必要があります**（110ページ参照）。

「課税事業者選択届出書」を提出している場合は、課税事業者の選択を取りやめる旨の届出も同時に提出しなければなりません。

これまでKさんは課税事業者と免税事業者の間を行ったり来たりするこ

とが珍しくなかったようですが、インボイス制度の登場によって、手取り額への影響のほか、これまで不要だった手続きが以前よりも煩雑になります。

　Ｋさんの場合、まず**登録申請する場合としない場合の手取り額をシミュレーションし、今後の対応策を検討する**ことにしました。

　Ｋさんが簡易課税を選択する場合のみなし仕入率は50％です。

　インボイス制度導入前のＹさんの確定申告は以下のとおりです。

	税込み金額	うち消費税
年収	990万円	90万円
経費(うち課税取引110万円)※1	310万円	10万円
手元に残るお金	680万円 ※2	

※1　経費のうち200万円は自宅を事務所として使っているため、消費税は非課税（以下同）。
※2　9,900,000－3,100,000＝6,800,000

登録申請せず消費税相当分を請求しない場合は90万円の目減り

　インボイスが発行できないので、これまで請求していた消費税相当分は請求しません。結果として値引きする形になりますが、**2年前の売上が1,000万円以下であれば、免税事業者なので申告も必要ありません。**

　上記の確定申告と比べてください。インボイス制度導前と比べて、**消費税相当分90万円（＝680万円－590万円）ほど目減りする**ことがわかりました。

	税込み金額	うち消費税
年収	900万円	0円
経費(うち課税取引110万)	310万円	10万円
手元に残るお金	590万円	

登録事業者になって原則課税を選択した場合は80万円の目減り

　次に、登録事業者になって、これまでどおり取引先に消費税相当分を請求する場合です。

　消費税の納税額は、**原則どおり、受け取った消費税90万円から払った**

消費税10万円を控除して計算します。

　受け取った消費税から払った消費税をマイナスすると、税務署に納める金額は80万円です。**取引先から受け取った消費税全額を納税するわけではないので、目減りする手取り額は、80万円（＝680万円−600万円）です。**

	税込み金額	うち消費税
年収	990万円	90万円
経費（うち課税取引110万円）	310万円	10万円
消費税額	80万円 ※1	
手元に残るお金	600万円 ※2	

※1　900,000−100,000＝800,000
※2　（9,900,000−3,100,000）−800,000＝6,000,000

登録事業者になって簡易課税を選択した場合は45万円の目減り

　登録事業者になって、これまでどおり消費税を請求する点は同じですが、原則的な方法ではなく、**簡単な方法（簡易課税）**を使って消費税を計算します。

　Kさんは、サービス業に該当するので、みなし仕入率は50％です。受け取った消費税90万円に50％を掛けて45万円。これを受け取った消費税90万円からマイナスして、納付すべき消費税を計算します。

　計算の結果、インボイス制度導入前と比べて、**目減りする手取り額は45万円（＝680万円−635万円）**ということがわかりました。

	税込み金額	うち消費税
年収	990万円	90万円
経費（うち消費税課税取引110万円）	310万円	10万円
消費税額	45万円 ※1	
手元に残るお金	635万円 ※2	

※1　みなし仕入率50％
　　　900,000×0.5＝450,000
　　　納付する消費税
　　　900,000−450,000＝450,000
※2　（9,900,000−3,100,000）−450,000＝6,350,000

シミュレーション結果を取引先との料金交渉に活用

　それでは、登録して課税事業者になる場合と登録申請せず、消費税相当分を請求せず値引きする場合の、手取りの減少額を比較してみましょう。

　登録事業者となって、これまでどおり消費税を請求し、簡易課税制度を利用して申告するケースが、最も目減り額が少ないことがわかります。

　Ｋさんは Web デザイナーという立場を考えて、登録事業者になり、簡易課税を選択することにしました。

選択	目減りする金額
登録申請しない場合	90万円
登録事業者の場合(原則課税)	80万円
登録事業者の場合(簡易課税)	45万円

　ところで、**インボイス制度がスタートしても令和8（2026）年9月30日までは2割特例**（108ページ参照）**を利用できます。**Ｋさんは迷わず登録事業者になって2割特例を使うことにしました。

〈参考〉2割特例を使った場合の手取り額

	税込み金額	うち消費税
年収	990万円	90万円
経費(うち消費税課税取引110万円)	310万円	10万円
消費税額	18万円 ※1	
手元に残るお金	**662万円** ※2	

　※1　納付する消費税
　　　　900,000－900,000×0.8＝180,000
　※2　9,900,000－3,100,000－180,000＝6,620,000

　取引先の社風やフリーランスの仕事内容、その業務が他にとって代われるものかなど、個々の事情によって取引先との関係性は異なります。**交渉のテーブルにつけたとしても、希望がとおる保証はありませんが、最初からあきらめず、誠実な交渉を放棄しないようにしましょう。**

　そのためにも**目減り額のシミュレーションをしておくと、取引先との料金交渉に使えます。**例えば、登録申請しない場合に、値引き額を90万円全額ではなく半分の金額で交渉したり、インボイスを発行する代わりに目減り額45万円分の値上げ交渉など、様々な提案をする余地が生まれます。

4 契約内容を見直して 収入アップをめざす！

ITエンジニア
プログラマー・SE

Q 会社が発行した支払通知書に
サインをする契約形態。
消費税相当分の金額が、
そもそもわかりづらい…。

14ページの
答えは
コレだ！

消費税が含まれている場合と
いない場合について手取り額の
シミュレーションを行ってから、
契約内容について取引先と
早急に交渉しましょう。 **A**

会社との再交渉は必須。合意に向けた行動を

　プログラマーとしてIT会社の個人外注をするＳさん。会社との間で書面による契約書がありませんが、Ｓさんとしては契約時に「報酬の50万円には消費税が含まれている」と言われた記憶はありません。

　書面はなくても、**プログラマーのＳさんがIT会社と交わしている業務委託契約は消費税の課税取引に該当します**。現状、IT会社側がＳさんに支払っている50万円には消費税が含まれているとみなし、仕入税額控除の計算を行っているのは間違いありません。

　Ｓさんが免税事業者のままでいくにせよ、登録事業者となってインボイスを発行するにせよ、**まずは月額報酬50万円が、消費税込みなのか、消費税別なのかをIT会社との間で再度、交渉する必要があります。**

　50万円が税抜きの報酬額であると合意できた場合は、これまで消費税分は値引きして請求していたことになります。したがってインボイス制度が

始まって、免税事業者を選択したケースでも、そのまま50万円を請求できることになります。

　IT会社側が、消費税込みの50万円で契約金額の合意があったと主張することも十分想定されます。その場合は、免税事業者を選択すると、消費税相当額45,400円（500,000÷1.1×10%≒45,400）が請求できなくなるおそれがあります。

　Sさんが登録事業者になれば月額50万円はそのまま請求できますが、これまで免除されていた消費税の申告納税義務が発生するため、納税する金額分だけ手取り額が減少することになります。

　そこでIT会社と交渉をする前に、免税事業者のままがよいか、課税事業者となったほうがよいかを、50万円が消費税込みのケースと消費税抜きのケースに分けてシミュレーションすることにしました。

　インボイス制度導入前のSさんの確定申告は以下のとおりです。

	税込み金額	うち消費税
年収	600万円	契約上は不明
経費（社会保険料）	100万円	なし
手元に残るお金	500万円 ※	

　※　6,000,000－1,000,000＝5,000,000

50万円の報酬額が消費税抜きと合意できた場合

　①免税事業者を選択した場合の手取り金額は、以下のとおりです。手元に残るお金は現状と変わりません。

	税抜き金額	消費税の金額
年収	600万円	0円
経費（保険料）	100万円	0円
手元に残るお金	500万円	

②課税事業者を選択し、かつ原則課税で申告する場合です。消費税は別途請求できるので、手取り金額は500万円となり、上記①と同様、現状と変わりません。

	税込み金額	うち消費税の金額
年収	660万円	60万円
経費（保険料）	100万円	0円 ※1
消費税額	60万円 ※2	
手元に残るお金	500万円 ※3	

※1　保険料は非課税取引
※2　6,000,000×10％−0＝600,000
※3　（6,600,000−1,000,000）−600,000＝5,000,000

③課税事業者を選択し、かつ簡易課税を選択した場合は、下記のようになります。Ｓさんの場合は、みなし仕入率は50％を使うことができます。消費税を別途請求できるので、簡易課税を選択して申告することで、現状よりも手取りが増えます。

	税込み金額	消費税の金額
年収	660万円	60万円
経費（保険料）	100万円	0円 ※1
消費税額	30万円 ※2	
手元に残るお金	530万円 ※3	

※1　保険料は非課税取引
※2　みなし仕入率50％
　　　600,000−600,000×0.5＝300,000
※3　（6,600,000−1,000,000）−300,000＝5,300,000

以上のシミュレーションから、IT会社と契約内容について交渉を行うことで、報酬の月額50万円が消費税抜きであると合意できた場合は、登録事業者となって、かつ簡易課税を選択するほうが得だということがわかります。

50万円の報酬額は消費税込みと合意された場合

　交渉の過程で、IT会社から50万円の報酬額には消費税が含まれていると主張され、その根拠が残っていたというケースも考えられます。

　例えば当時のメールのやり取りなどを、IT会社が保存していた場合などです。

　その場合には、消費税相当分だけ請求金額の減額を求められる可能性があります、

　最悪の場合を想定して、免税事業者のままがよいか、課税事業者となった方がよいかをシミュレーションして、目減りする手取り額が最も少なくなる方法を検討しましょう。

　①免税事業者を選択し、かつ消費税相当分を減額しなければならない場合は減額された消費税相当分55万5,000円（＝500万円−445万5,000円）の手取りが減少することになります。

	税抜き金額	消費税の金額
年収	545万5,000円 ※1	0円
経費（保険料）	100万円	0円 ※2
手元に残るお金	445万5,000円 ※3	

※1　6,000,000÷1.1≒5,455,000
※2　保険料は非課税取引
※3　5,455,000−1,000,000＝4,455,000

　②課税事業者を選択し、かつ原則課税で申告する場合の手取り金額は下記のとおりです。これまでと同じ金額を請求できますが、消費税の納税義務が発生するので、**納税する分54万5,000円（＝500万円−445万5,000円）の手取り額が減少**することになります。

	税込み金額	うち消費税の金額
年収	600万円	54万5,000円
経費（保険料）	100万円	0円 ※1
消費税額	54万5,000円 ※2	
手元に残るお金	445万5,000円 ※3	

※1　保険料は非課税取引
※2　6,000,000÷1.1×10%≒545,000
※2　(6,000,000−1,000,000)−545,000＝4,455,000

③登録事業者を選択し、かつ簡易課税で申告する場合の手取り金額は下記のとおりです。

インボイス制度導入前に比べて**27万2,500円（＝500万円−472万7,500円）減少します**が、ITエンジニアの場合、みなし仕入率は50％なので、簡易課税方式で申告すれば、**原則課税の場合に比べて納める消費税の金額を少なく抑えることができます**。結果として、目減りする手取り額を抑えることができます。

	税込み金額	うち消費税の金額
年収	600万円	54万5,000円
経費（保険料）	100万円	0円 ※1
消費税額	27万2,500円 ※2	
手元に残るお金	472万7,500円 ※3	

※1　保険料は非課税取引
※2　6,000,000÷1.1×10%≒545,000
　　　みなし仕入率50％
　　　545,000×0.5＝272,500
※3　6,000,000−1,000,000−272,500＝4,727,500

以上の計算結果から、**登録事業者になって簡易課税を選択した場合のひと月あたりの目減り額は2万5,000円**ということがわかりました。

年間の目減りする金額（税込み）	27万2,500円 ※1
一月あたりの目減り額	2万2,700円 ※2

※1　5,000,000−4,727,500＝272,500
※2　272,500÷12≒22,700

　IT会社から「報酬額は消費税込みであった」と主張されても、課税事業者となって簡易課税を選択すれば、手取り額の目減りを最小限に抑えられることがわかりました。

　そこで、Sさんは目減りする手取り額を把握したうえで、IT会社に対して、報酬改定の交渉をすることにしました。

　登録事業者となってインボイスを発行する代わりに、50万円とは別に3万円の上乗せ交渉をし、これまでと同じ手取り額を確保することに成功したのです。IT会社にとっては、年間36万円の支出が増えたわけですが、Sさんのスキルは他に代えがたいと、高く評価していたので、Sさんとの契約を継続するためのコスト増に快く応じてくれたというわけです。

	税込み金額	うち消費税の金額
年収	636万円 [※1]	57万8,100円
経費（保険料）	100万円	0円 [※2]
消費税額	28万9,000円 [※3]	
手元に残るお金	507万1,000円 [※4]	

※1　6,360,000÷1.1×10%≒578,100
※2　保険料は非課税取引
※3　578,100×0.5≒289,000
※4　(6,360,000－1,000,000)－289,000＝5,071,000

　上記の値上げ交渉がすぐに成功しなかった場合でも令和8（2026）年9月30日までは2割特例（108ページ参照）を利用することができます。Sさんは3年かけて、自分のスキルをさらに磨き、価格交渉を続けようと考えていました。参考までに、50万円の報酬が消費税込み、かつ登録事業者になって2割特例を使った場合、値上げ前の手取り額は次のとおりです。

〈参考〉2割特例を使った場合（値上げ前）の手取り額

	税込み金額	うち消費税の金額
年収	600万円	54万5,000円
経費（保険料）	100万円	0円
消費税額	10万9,000円 [※1]	
手元に残るお金	489万1,000円 [※2]	

※1　545,000－545,000×0.8＝109,000
※2　6,000,000－1,000,000－109,000＝4,891,000

5 登録事業者にならなくても 消費税は請求できます

イラストレーター
デザイナー
セミナー講師

> **Q** 今後も売上が1,000万円超にならないなら免税事業者でもいい気がしてきました…。

16ページの
答えは
コレだ!

> 自分が**免税事業者になった場合、**取引先に与えるインパクトと目減りする手取り額を比較**して対応策を考えます。**
>
> **A**

免税事業者の自分が相手に与えるインパクトも考慮しよう

インボイス制度が始まったからといって、すべての取引にインボイスの**発行が義務付けられるわけではありません。**インボイスが必要なのは、取引先が消費税を申告する際に、仕入税額控除の適用を受けるときだけです（45ページ参照）。

したがって、**取引先が消費者だったり、小規模な個人事業主だったりという場合には、相手に与える影響をそれほど気にする必要はありません。**

一方で、取引先のほとんどが売上5,000万円超の規模の場合、インボイスを発行できなければ、相手は確実に影響を受けることになります。

フリーランスの皆さんが、免税事業者のままでいるか、登録して課税事業者になるべきかを判断するためには、**まず取引先の売上規模を想像し、消費税相当分の値引きが必要になるか、その場合自分の手取り額がどの程度、減ってしまうのかをシミュレーションする必要があります。**

それでは、イラストレーターでセミナー講師も務めるTさんのインボイス制度導入前の確定申告を見ていきましょう。

		税込み金額	うち消費税
年収	イラストレーター	220万円	20万円
	セミナー講師	300万円	27万2,700円 ※1
経費		110万円	10万円
手元に残るお金		410万円	

※1　3,000,000÷1.1≒2,727,000
　　　2,727,000×10%＝272,700

　自分が免税事業者になった場合、相手にどの程度のインパクトを与える
かを予想するために、取引先の想定売上を4パターンに分けて考えます。

取引先の想定売上4パターン

① 売上5,000万円超と想定される規模の大きい会社

② 売上1,000万円超かつ5,000万円以下の比較的小規模な会社

③ 売上1,000万円以下の小規模な会社や個人事業主

④ 消費者

　①番は、インボイスを発行しないと仕入税額控除ができないため、値引
き交渉される可能性が高いパターンです。②番は、簡易課税制度を採用し
ている可能性が高いので、インボイスを要求される可能性も低いと考えて
差し支えありません。③番は、相手も免税事業者の可能税が高いので、イ
ンボイスは不要です。④番の消費者もインボイスは必要ありません。

　Tさんの場合、取引先で影響を受けるのは、①に該当する大手出版社だ
けです。**Tさんが免税事業者を選択すると、インボイスを取得できないの
で、確実に影響を受けます**。そのため、Tさんは実際に出版社から値引き
交渉をされているのです。

　一方で、セミナー受講生の顔を思い浮かべてみましょう。Tさんは、ほ
とんどの受講者が③または④と推測し、全員がインボイスの発行は必要な
いと判断しました。そこで、インボイス制度が始まっても、これまでと同
じ形式の領収書を発行し、受講料の値引きは行わないことにします。

上記を踏まえて、免税事業者のままでいる場合と登録事業者を選択した場合に、手元に残るお金がどの程度になるをシミュレーションしましょう。

課税事業者となって簡易課税を選択した場合

　登録事業者になってインボイスを発行できれば、出版社に対しても、セミナー受講者に対しても、堂々と消費税を請求できます。

　登録事業者になると、自動的に課税事業者になるので、消費税の申告義務が発生し、受け取った消費税は国に納めなければなりません。Tさんは原則課税よりも簡易課税を採用したほうが得なので、簡易課税を使って納付する金額を計算します。

　みなし仕入率は、イラストレーターもセミナー講師も、いずれも50％です。インボイス制度導入前と比べて、目減りする手元のお金は、23万6,300円（＝410万円－386万3,700円）ということがわかりました。

		税込み金額	うち消費税
年収	イラストレーター	220万円	20万円
	セミナー講師	300万円	27万2,700円
経費		110万円	10万円
国に納める消費税		23万6,300円 ※1	
手元に残るお金		386万3,700円	

※1　みなし仕入率50％
　　　(200,000＋272,700)×0.5＝236,350
　　　納付税額
　　　(200,000＋272,700)－236,350＝236,300（100円未満切捨て）

免税事業者を選択し出版社からの売上が10％減少した場合

　免税事業者を選択した場合は、出版社から消費税相当分は請求しないように言われており、これは仕方ないと考えています。

　一方で、セミナーの受講料は、受講者の大半がインボイスは不要と判断し、受講料の減額はしないことに決めました。

結果として、**出版社に対して値引きした20万円（＝410万円－390万円）が目減りする手取り額**ということになります。

	税込み金額		うち消費税
年収	イラストレーター	200万円	0円
	セミナー講師	300万円	0円
経費	110万円		10万円
国に納める消費税	0円		
手元に残るお金	390万円 ※1		

※1　5,200,000－1,100,000＝3,900,000

免税事業者を選択した場合と課税事業者になった場合の、手取りの減少額を比較してみましょう。Tさんのケースでは、免税事業者を選択した方が目減りする金額は少ないという結果になりました。

選択	目減りする金額
免税事業者の場合	200,000円
課税事業者の場合	236,300円

ところで受講者の中に中堅規模以上の会社がいて、インボイスを請求されたら、どうすればよいでしょうか。Tさんは、そういう受講者はまれで、そうしたお客さまが離れていっても影響は小さいと判断し、インボイスの登録事業者にならないことを選択しました。

将来インボイスを請求される頻度が多くなって、受講者とトラブルになる可能性が懸念される場合には、その段階で登録事業者になればいいと考えています。その場合は、セミナーの内容をより魅力的にして受講料を値上げし、消費税の納税で目減りする手取りを補うつもりです。

⑥ 免税事業者でも 消費税は請求できます

ネイリスト
セラピスト
カウンセラー

Q 顧客が消費者メインで あれば免税事業者の まま消費税を請求しても いいような…。

18ページの
答えは
コレだ!

免税事業者による消費税の請求は 明確に禁止されているわけでは ありませんが、お客さまと トラブルにならないように 注意が必要です。 **A**

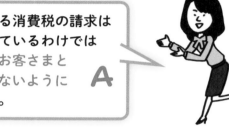

お客さまとトラブルにならないように注意が必要

　免税事業者が消費税を請求したり、消費税相当額を記載した請求書や領収書などを発行してはいけないという消費税の条文はありません。

　小規模な事業者を守るための免税事業者制度なのに、消費税を請求できないと免税事業者がかえって損をするというおかしな現象が起きてしまいます。免税事業者であっても、仕入など経費と一緒に消費税を支払っているので、払った消費税を取り戻すことができないからです。

　そのため国税庁は、免税事業者が消費税を請求することは予定していないといいながらも、一方で免税事業者が消費税を請求することは容認してきた経緯があります。

　おそらくこのダブルスタンダードは、今後も続く可能性が高いでしょう。結果として、免税事業者が消費税を請求するかどうかは自己判断に任されているのが現状です。**インボイス制度が始まったら、顧客とのトラブルを避けるためにも、より慎重に判断していく必要があります。**

　ネイリストのMさんは、**税込金額なのか税抜金額なのか、これまで曖昧にしてきた消費税の扱いを明確にし、価格表を新しく作り直す決心をしました**。以前の料金が税込金額だったと考えれば、今後も料金は据え置きということになります。たとえ免税事業者を選択しても、消費税相当分を値引きするつもりはないので、その場合は免税事業者でありながら消費税を請求する形になります。

　以前の料金が税抜金額だったと考えた場合、免税事業者のままでいるなら、料金は据え置きですが、**登録事業者を選択したら、消費税相当分を値上げすることも可能です**。

　ではそれぞれのケースごとに、手取り額をシミュレーションし、どのパターンがよいか総合的に判断することにしましょう。インボイス制度導入前のMさんの確定申告は次のとおりです。

	税込み金額	うち消費税
年収	200万円	18万1,800円 [※1]
経費	33万円	3万円
手元に残るお金	167万円	

※1　2,000,000÷1.1≒1,818,000
　　　1,818,000×10％＝181,800

価格が消費税込み⇒登録事業者となり簡易課税を選択

　現在の価格に消費税が含まれていると考えると、登録事業者になっても料金は据え置くことになります。

　売上200万円の中に消費税が含まれているので、1.1で割り戻したあと、顧客から受け取る消費税を計算します。簡易課税の方が有利なので、みなし仕入率50％を使って、納付する消費税を計算しました。

　結果、インボイス制度導入前に比べて、**手元に残る金額は、9万900円（＝167万円－157万9,100円）ほど**減少します。

	税込み金額	うち消費税
年収	200万円	18万1,800円
経費	33万円	3万円
消費税	9万900円 [※1]	
手元に残るお金	157万9,100円 [※2]	

[※1] みなし仕入率50%
181,800×0.5＝90,900
納付する消費税
181,800−90,900＝90,900
[※2] 2,000,000−330,000−90,900＝1,579,100

価格が消費税込み⇒免税事業者のままで消費税を請求

　Mさんは、現在の価格に消費税が含まれていると考えた場合に、免税事業者を選択しても値下げするつもりはありません。**免税事業者のまま消費税を請求することになりますが、法律で禁止されているわけではないこと、経費と一緒に消費税を払っているので、消費税を請求しないとかえって損をすることを、ちゃんと顧客に説明するつもりです。**

　インボイス制度が始まっても、消費税の納税は免除されるので、手取り額も現状と変わりません。

	税込み金額	うち消費税
年収	200万円	18万1,800円
経費	33万円	3万円
消費税額	0	
手元に残るお金	167万円	

　基本的に、顧客は主婦仲間（消費者）なので、インボイスの発行は必要ないと考えられます。

　しかし、顧客の全員が個人事業を行っているか否かの確認はできず、将来的にインボイスの発行を要求される可能性はあります。

　もし顧客からインボイスを請求されたら、自分は免税事業者であること、インボイスは発行できないことをキチンと説明しようと思っています。

価格が消費税抜き⇒登録事業者（原則課税）になって消費税を別途請求

　現在の価格に消費税が含まれていないと考えた場合、登録事業者になれば消費税相当額の値上げが可能という理屈になります。

　申告をすることで、経費と一緒に支払っていた消費税相当分を取り戻すことができ、逆に手取りが３万円（＝170万円－167万円）増えることになります。

	税込み金額	うち消費税
年収	220万円	20万円
経費	33万円	3万円
消費税額	17万円 [※1]	
手元に残るお金	170万円 [※2]	

※1　200,000－30,000＝170,000
※2　(2,200,000－330,000)－170,000＝1,700,000

価格が消費税抜き⇒登録事業者（簡易課税）になって消費税を別途請求

　現在の価格に消費税が含まれていないと考えた場合、登録事業者になれば消費税相当分の値上げが可能という理屈になります。Mさんはサービス業に該当するので、みなし仕入率は50％です。経費がほとんどかからないので、簡易課税のほうがメリットがあります。簡易課税で計算すると**納税額は10万円なので、手取り額が10万円（＝177万円－167万円）増加**します。

	税込み金額	うち消費税
年収	220万円	20万円
経費	33万円	3万円
消費税額	10万円 ※1	
手元に残るお金	177万円	

※1 みなし仕入率50%
200,000×0.5＝100,000
納付する消費税
200,000－100,000＝100,000

価格が消費税抜き⇒免税事業者を選択し消費税は請求しない

現在の価格に消費税が含まれていないと考えて、免税事業者を選択すれば、価格は据え置きという形になります。インボイス制度が始まっても、消費税の申告・納税義務はないので、手取り額もこれまでと変わりません。

	税込み金額	うち消費税
年収	200万円	0円
経費	33万円	3万円
消費税額	0円	
手元に残るお金	167万円	

それでは、免税事業者を選択した場合、登録事業者になった場合の、それぞれの手取り額を比較してみましょう。

選択	増減する金額
料金を据え置くパターン	
登録事業者の場合	9万900円 減少
免税事業者の場合	変更なし
料金を値上げするパターン	
登録事業者の場合（原則課税）	3万円 増加
登録事業者（簡易課税）	10万円 増加

　Mさんは当初、免税事業者のままで料金据え置きのパターンを検討していました。

　しかし、**免税事業者はインボイスが発行できないこと、免税事業者が消費税を請求することにはっきりした法的な裏付けがないこと、将来的にインボイスがほしいという顧客が現われる可能性もあることを考慮し、思い切って登録事業者になることを決意しました。**

　顧客には、これまでの料金に消費税が含まれていなかったこと、今後は消費税を請求させてほしい旨を説明し、快く受け入れてもらうことができました。これはMさんが普段から顧客との良好な関係性が築けていたからに外なりません。

　そのうえ、**インボイス制度がスタートしても令和8（2026）年9月30日までは2割特例（108ページ参照）を利用できるので、これを使わない手はありません。**価格は消費税抜きと考え、登録事業者になって消費税を別途請求するケースで、2割特例を使った場合のMさんの手取り額は次のとおりです。

〈参考〉2割特例を使った場合の手取り額

	税込み金額	うち消費税
年収	220万円	20万円
経費	33万円	3万円
消費税額	4万円 ※1	
手元に残るお金	183万円 ※2	

※1　納付する消費税　200,000－200,000×0.8＝40,000
※2　2,200,000－330,000－40,000＝1,830,000

MEMO

〈巻末付録〉
各種届出書の記載例

「適格請求書発行事業者の登録申請書」の記載例

第1－(1)号様式

国内事業者用

適格請求書発行事業者の登録申請書

【1／2】

収受印			
令和　年　月　日	申請者	（フリガナ）	
		住所又は居所（法人の場合）本店又は主たる事務所の所在地	（〒 123－4567 ） ●（法人の場合のみ公表されます） 東京都大田区×××〇丁目〇番〇号 （電話番号　03－△△△△－△△△△）
		（フリガナ）	
		納税地	（〒　－　） 同　上 （電話番号　－　－　）
		（フリガナ）	ハラダ　ユウタ
		氏名又は名称	● 原田　優太
		（フリガナ）	
		（法人の場合）代表者氏名	
××　税務署長殿		法人番号	

この申請書に記載した次の事項（●印欄）は、適格請求書発行事業者登録簿に登載されるとともに、国税庁ホームページで公表されます。
1　申請者の氏名又は名称
2　法人（人格のない社団等を除く。）にあっては、本店又は主たる事務所の所在地
なお、上記1及び2のほか、登録番号及び登録年月日が公表されます。
また、常用漢字等を使用して公表しますので、申請書に記載した文字と公表される文字とが異なる場合があります。

下記のとおり、適格請求書発行事業者としての登録を受けたいので、所得税法等の一部を改正する法律（平成28年法律第15号）第5条の規定による改正後の消費税法第57条の2第2項の規定により申請します。
※　当該申請書は、所得税法等の一部を改正する法律（平成28年法律第15号）附則第44条第1項の規定により令和5年9月30日以前に提出するものです。

令和5年3月31日（特定期間の判定により課税事業者となる場合は令和5年6月30日）までにこの申請書を提出した場合は、原則として令和5年10月1日に登録されます。

事業者区分	この申請書を提出する時点において、該当する事業者の区分に応じ、□にレ印を付してください。 □ 課税事業者　☑ 免税事業者 ※　次葉「登録要件の確認」欄を記載してください。また、免税事業者に該当する場合には、次葉「免税事業者の確認」欄も記載してください（詳しくは記載要領等をご確認ください。）。
令和5年3月31日（特定期間の判定により課税事業者となる場合は令和5年6月30日）までにこの申請書を提出することができなかったことにつき困難な事情がある場合は、その困難な事情	
税理士署名	（電話番号　－　－　）

※税務署処理欄							
整理番号		部門番号		申請年月日	年　月　日	通信日付印　年　月　日	確認
入力処理	年　月　日	番号確認		身元確認	□ 済　□ 未済	確認書類　個人番号カード／通知カード・運転免許証　その他（　）	
登録番号	T						

注意　1　記載要領等に留意の上、記載してください。
2　税務署処理欄は、記載しないでください。
3　この申請書を提出するときは、「適格請求書発行事業者の登録申請書（次葉）」を併せて提出してください。

インボイス制度

この申請書は、令和三年十月一日から令和五年九月三十日までの間に提出する場合に使用します。

法人のみ公表される

本名または登記上の商号

いずれかに必ず☑を入れる

「適格請求書発行事業者の登録申請書（次葉）」の記載例

令和5年10月1日から
登録事業者になる場合

本人確認書類の写しを添付

第1-（1）号様式次葉

国内事業者用

適格請求書発行事業者の登録申請書（次葉）

【2／2】

氏名又は名称

この申請書は、令和三年十月一日から令和五年九月三十日までの間に提出する場合に使用します。

いずれかに☑

・該当する事業者の区分に応じ、□にレ印を付し記載してください。

免税事業者の確認

□ 令和5年10月1日から令和11年9月30日までの日の属する課税期間中に登録を受け、所得税法等の一部を改正する法律（平成28年法律第15号）附則第44条第4項の規定の適用を受けようとする事業者
※ 登録開始日から納税義務の免除の規定の適用を受けないこととなります。

個 人 番 号		
事業内容等	生年月日（個人）又は設立年月日（法人）	○明治 ○大正 ○昭和 ○平成 ○令和　　年　　月　　日
	事 業 年 度	自　　　月　　　日　　至　　　月　　　日
	資 本 金	円
	事 業 内 容	登録希望日　令和　年　月　日

法人のみ記載

課 税 期 間 の 初 日
※ 令和5年10月1日から令和6年3月31日までの間のいずれかの日
令和　年　月　日

□ 消費税課税事業者（選択）届出書を提出し、納税義務の免除の規定の適用を受けないこととなる課税期間の初日から登録を受けようとする事業者

登録要件の確認

課税事業者です。
※ この申請書を提出する時点において、免税事業者であっても、「免税事業者の確認」欄のいずれかの事業者に該当する場合は、「はい」を選択してください。
□ はい　□ いいえ

納税管理人を定める必要のない事業者です。
（「いいえ」の場合は、次の質問にも答えてください。）
□ はい　□ いいえ

納税管理人を定めなければならない場合（国税通則法第117条第1項）
【個人事業者】国内に住所及び居所（事務所及び事業所を除く。）を有せず、又は有しないこととなる場合
【法人】国内に本店又は主たる事務所を有しない法人で、国内にその事務所及び事業所を有せず、又は有しないこととなる場合

納税管理人の届出をしています。
「はい」の場合は、消費税納税管理人届出書の提出日を記載してください。
消費税納税管理人届出書　（提出日：令和　年　月　日）
☑ はい　□ いいえ

はいを選択する

消費税法に違反して罰金以上の刑に処せられたことはありません。
（「いいえ」の場合は、次の質問にも答えてください。）
☑ はい　□ いいえ

その執行を終わり、又は執行を受けることがなくなった日から2年を経過しています。
□ はい　□ いいえ

参考事項

課税期間の初日から
登録事業者になる場合

延滞税や加算税は該当しません

適格請求書発行事業者の公表事項の公表（変更）申出書

収受印

令和　年　月　日	申　出　者	（フリガナ） 納　税　地	（〒 123 - 4567） 東京都大田区×××○丁目○番○号 （電話番号　03－△△△△－△△△△）
		（フリガナ） 氏　名　又　は 名　称　及　び 代　表　者　氏　名	ハラダ　ユウタ 原田　優太
××　税務署長殿		法　人　番　号	※ 個人の方は個人番号の記載は不要です。
		登　録　番　号	T

国税庁ホームページの公表事項について、下記の事項を追加（変更）し、公表することを希望します。

新たに公表する事項の□にレ印を付し記載してください。

新たに公表する事項	個人事業者	☑ 主たる屋号 （複数ある場合 任意の一つ）	（フリガナ）　ニチジツ カフェ日実	‥‥‥‥‥ 記載された とおりに 国税局HPに 掲載される
		□ 主たる事務所 の所在地等 （複数ある場合 任意の一箇所）	（フリガナ）	
		□ 通称 □ 旧姓（旧氏）氏名 住民票に併記されている 通称又は旧姓（旧氏）に限る	いずれかの□にレ印を付し、通称又は旧姓（旧氏）を使用した氏名を記載してください。 □ 氏名に代えて公表 □ 氏名と併記して公表	（フリガナ）
	人格のない社団等	□ 本店又は主たる 事務所の所在地	（フリガナ）	

既に公表されている上記の事項について、公表内容の変更を希望する場合に記載してください。

変更の内容	変　更　年　月　日	令和　　　　年　　　　　月　　　　　日
	変　更　事　項	（個人事業者）　　□ 屋号　　□ 事務所の所在地等　　□ 通称又は旧姓（旧氏）氏名 （人格のない社団等）　　□ 本店又は主たる事務所の所在地
	変　更　前	（フリガナ）
	変　更　後	（フリガナ）

※　常用漢字等を使用して公表しますので、申出書に記載した文字と公表される文字とが異なる場合があります。

参　考　事　項	
税　理　士　署　名	（電話番号　　　－　　　－　　　）

税務署処理欄	整　理　番　号		部　門　番　号	
	申出年月日	年　　月　　日	入力処理　　　年　　月　　日　番号確認	

注意　1　記載要領等に留意の上、記載してください。
　　　2　税務署処理欄は、記載しないでください。

インボイス制度

いずれかに☑する。複数でもOK

150

「適格請求書発行事業者登録簿の登載事項変更届出書」の記載例

‥‥‥‥ いずれかに☑を入れる

第2－(1)号様式

適格請求書発行事業者登録簿の登載事項変更届出書

収受印			
令和　年　月　日	届 出 者	（フリガナ） 納　税　地	（〒 123 － 4567 ） 東京都品川区×××○丁目○番○号 （電話番号　03 － △△△△ － △△△△ ）
		（フリガナ）　カブシキガイシャ　トウキョウシュッパン 氏名又は 名称及び 代表者氏名	株式会社　東京出版
××　税務署長殿		法 人 番 号	※ 個人の方は個人番号の記載は不要です。
		登 録 番 号	T 6 6 6 6 5 5 5 5 4 4 4 4

下記のとおり、適格請求書発行事業者登録簿に登載された事項に変更があったので、所得税法等の一部を改正する法律（平成28年法律第15号）第5条の規定による改正後の消費税法第57条の2第8項の規定により届出します。
※ 当該申請書は、所得税法等の一部を改正する法律（平成28年法律第15号）附則第44条第2項の規定により令和5年9月30日以前に提出するものです。

変 更 の 内 容	変 更 年 月 日	令和　5 年　8 月　1 日	
	変 更 事 項	☐ 氏名又は名称 ☐ 法人（人格のない社団等を除く。）にあっては、本店又は主たる事務所の所在地 ☐ 国外事業者にあっては、国内において行う資産の譲渡等に係る事務所、事業所その他これらに準ずるものの所在地 ※ 当該事務所等を国内に有しないこととなる場合は、次葉も提出してください。	
	変 更 前	（フリガナ）　カブシキガイシャ　トウキョウシュッパン 株式会社　東京出版	
	変 更 後	（フリガナ）　カブシキガイシャ　ジツギョウシュッパン 株式会社　実業出版	
	※ 変更後の内容については、国税庁ホームページで公表されます。 　なお、常用漢字等を使用して公表しますので、届出書に記載した文字と公表される文字とが異なる場合があります。		

参 考 事 項	
税 理 士 署 名	（電話番号　　－　　　　－　　　　）

税務署処理欄	整 理 番 号		部 門 番 号		
	届出年月日	年　月　日	入力処理	年　月　日	番 号 確 認

注意　1　記載要領等に留意の上、記載してください。
　　　2　税務署処理欄は、記載しないでください。

インボイス制度

この届出書は、令和三年十月一日から令和五年九月三十日までの間に提出する場合に使用します。

‥‥‥ 記載したとおりに国税局HPに掲載される

151

「消費税課税事業者 選択 届出書」の記載例

└─ 免税事業者が課税事業者を選択するときに使う

第1号様式

消費税課税事業者選択届出書

収受印			
令和　年　月　日		（フリガナ）	
	届	納　税　地	（〒 123 － 4567　） 東京都大田区×××○丁目○番○号 （電話番号　03 －△△△△－ △△△△ ）
		（フリガナ）	
		住所又は居所 （法人の場合） 本　店　又　は 主たる事務所 の　所　在　地	（〒　　－　　　） 同　上 （電話番号　　　－　　　－　　　）
	出	（フリガナ）　ハラダ　ユウタ	
		名称（屋号）	原田　優太
		個　人　番　号 又　は 法　人　番　号	↓ 個人番号の記載に当たっては、左端を空欄とし、ここから記載してください。 2 3 4 5 6 7 8 9 1 2 3 4 ……控えには記入しない
	者	（フリガナ）	
××税務署長殿		氏　名 （法人の場合） 代表者氏名	
		（フリガナ） （法人の場合） 代表者住所	（電話番号　　　－　　　－　　　）

下記のとおり、納税義務の免除の規定の適用を受けないことについて、消費税法第9条第4項の規定により届出します。

2期前の事業年度

適用開始課税期間	自 ○平成 / ●令和 7 年 1 月 1 日　至 ○平成 / ●令和 7 年12月31日	…… 課税事業者になりたい年度を記入
上記期間の	自 ○平成 / ●令和 5 年 1 月 1 日	左記期間の総売上高　8,600,000 円
基　準　期　間	至 ○平成 / ●令和 5 年12月31日	左記期間の課税売上高　8,000,000 円 …… 税込の金額を記入

事業内容等	生年月日（個人）又は設立年月日（法人）　1明治・2大正・3昭和・4平成・5令和 ○　○　○　●　○　　20 年 5 月 5 日	法人のみ記載	事業年度　自　月　日　至　月　日 資本金　　　　　円
	事業内容　セミナー講師	届出区分	事業開始・設立・相続・合併・分割・特別会計・その他 ○　○　○　○　○　○　○
参考事項		税理士署名	（電話番号　　　－　　　－　　　）

※税務署処理欄	整理番号		部門番号				
	届出年月日　年　月　日	入力処理　年　月　日	台帳整理　年　月　日				
	通信日付印　確認 年　月　日	番号確認	身元確認　□ 済 □ 未済	確認書類　個人番号カード／通知カード・運転免許証 その他（　　）			

注意　1．裏面の記載要領等に留意の上、記載してください。
　　　2．税務署処理欄は、記載しないでください。

152

「消費税 課税事業者 届出書」の記載例

基準期間の売上が1,000万円を超えて課税事業者になったときに使う

第3-(1)号様式

基準期間用

消 費 税 課 税 事 業 者 届 出 書

収受印

令和　年　月　日

届出者		
（フリガナ） 納 税 地	（〒 123 － 4567 ） 東京都大田区×××○丁目○番○号 （電話番号　03 － △△△△ － △△△△ ）	
（フリガナ） 住所又は居所 （法人の場合） 本 店 又 は 主たる事務所 の 所 在 地	（〒　－　　） 同　上 （電話番号　　－　　－　　）	
（フリガナ） 名称（屋号）	ハラダ　ユウタ 原田　優太	
個 人 番 号 又 は 法 人 番 号	↓ 個人番号の記載に当たっては、左端を空欄とし、ここから記載してください。 2 3 4 5 6 7 8 9 1 2 3 4	··· 控えには記入しない
（フリガナ） 氏 名 （法人の場合） 代 表 者 氏 名		
（フリガナ） （法人の場合） 代表者住所	（電話番号　　－　　－　　）	

×× 税務署長殿

下記のとおり、基準期間における課税売上高が1,000万円を超えることとなったので、消費税法第57条第1項第1号の規定により届出します。

2期前の事業年度

適用開始課税期間	自 ○平成 ●令和 8 年 1 月 1 日	至 ○平成 ●令和 8 年 12 月 31 日	
上記期間の	自 ○平成 ●令和 6 年 1 月 1 日	左記期間の 総売上高	11,540,000 円
基 準 期 間	至 ○平成 ●令和 6 年 12 月 31 日	左記期間の 課税売上高	11,250,000 円 ← 税込の金額を記入

事業内容等	生年月日（個人）又は設立年月日（法人）	1明治・2大正・3昭和・4平成・5令和 20 年 5 月 5 日	法人のみ記載	事 業 年 度	自　月　日 至　月　日
				資 本 金	円
	事 業 内 容	セミナー講師	届出区分	相続・合併・分割等・その他	

参考事項		税理士署名	（電話番号　　－　　－　　）

税務署処理欄	整理番号		部門番号			
	届出年月日	年　月　日	入力処理	年　月　日	台帳整理	年　月　日
	番号確認	身元確認 □済 □未済	確認書類	個人番号カード/通知カード・運転免許証 その他		

注意　1．裏面の記載要領等に留意の上、記載してください。
　　　2．税務署処理欄は、記載しないでください。

「消費税 簡易課税制度選択 届出書」の記載例

└─ 簡易課税を使いたいときに提出

第9号様式

消 費 税 簡 易 課 税 制 度 選 択 届 出 書

収受印

届出者		（フリガナ）			
	納 税 地	（〒 123 － 4567 ） 東京都大田区×××○丁目○番○号 （電話番号　03 －△△△△－△△△△）			
		（フリガナ）　　　　ハラダ　ユウタ			
	氏 名 又 は 名 称 及 び 代 表 者 氏 名	原田　優太			
××税務署長殿	法 人 番 号	※個人の方は個人番号の記載は不要です。			

下記のとおり、消費税法第37条第1項に規定する簡易課税制度の適用を受けたいので、届出します。
☑ 消費税法施行令の一部を改正する政令（平成30年政令第135号）附則第18条の規定により
消費税法第37条第1項に規定する簡易課税制度の適用を受けたいので、届出します。

①	適用開始課税期間	自　令和　**8**　年　**1**　月　**1**　日　至　令和　**8**　年　**12**　月　**31**　日	┈┈ 2期前の事業年度
②	①の基準期間	自　令和　**6**　年　**1**　月　**1**　日　至　令和　**6**　年　**12**　月　**31**　日	
③	②の課税売上高	**11,250,000**　円	┈┈ 5,000万円以下

事 業 内 容 等	（事業の内容）　　セミナー講師	（事業区分） 第 **5** 種事業	

提 出 要 件 の 確 認	次のイ、ロ又はハの場合に該当する （「はい」の場合のみ、イ、ロ又はハの項目を記載してください。）		はい □　いいえ ☑	┈┈ どちらかに☑を入れる
	イ	消費税法第9条第4項の 規定により課税事業者を 選択している場合	課税事業者となった日	令和　年　月　日	はい □	消費税課税事業者 選択届出書を 提出している場合
			課税事業者となった日から2年を経過する日までの間に開始した各課税 期間中に調整対象固定資産の課税仕入れ等を行っていない		はい □	
	ロ	消費税法第12条の2第1項 に規定する「新設法人」又 は同法第12条の3第1項に 規定する「特定新規設立法 人」に該当する（該当して いた）場合	設立年月日	令和　年　月　日	はい □	
			基準期間がない事業年度に含まれる各課税期間中に調整対象固定資産の 課税仕入れ等を行っていない		はい □	
	ハ	消費税法第12条の4第1 項に規定する「高額特定 資産の仕入れ等」を行っ ている場合（同条第2項 の規定の適用を受ける場 合）	A	仕入れ等を行った課税期間の初日	令和　年　月　日	はい □	
				この届出による①の「適用開始課税期間」は、高額特定資産の仕入 れ等を行った課税期間の初日から、同日以後3年を経過する日の属 する課税期間までの各課税期間に該当しない		はい □	
		仕入れ等を行った資産が高 額特定資産に該当する場合 はAの欄を、自己建設高額 特定資産に該当する場合 は、Bの欄をそれぞれ記載 してください。	B	仕入れ等を行った課税期間の初日	〇平成 〇令和　年　月　日	はい □	
				建設等が完了した課税期間の初日	令和　年　月　日		
				この届出による①の「適用開始課税期間」は、自己建設高額特定資 産の建設等に要した仕入れ等に係る支払対価の額の累計額が1千万 円以上となった課税期間の初日から、自己建設高額特定資産の建設 等が完了した課税期間の初日以後3年を経過する日の属する課税期 間までの各課税期間に該当しない		はい □	

※ 消費税法第12条の4第2項の規定による場合は、その項目を次のとおり記載してください。
1 「自己建設高額特定資産」を「調整対象自己建設高額資産」と読み替える。
2 「仕入れ等を行った」は、「消費税法第36条第1項又は第3項の規定の適用を受けた」と、「自己建設高額特定資産
の建設等に要した仕入れ等に係る支払対価の額の累計額が1千万円以上となった」は、「調整対象自己建設高額資産
について消費税法第36条第1項又は第3項の規定の適用を受けた」と読み替える。

※ この届出書を提出した課税期間が、上記イ、ロ又はハに記載の各課税期間である場合、この届出書提出後、届出を
行った課税期間中に調整対象固定資産の課税仕入れ等又は高額特定資産の仕入れ等を行うと、原則としてこの届出書
の提出はなかったものとみなされます。詳しくは、裏面をご確認ください。

参 考 事 項		
税 理 士 署 名		（電話番号　　－　　－　　）

※税務署処理欄	整理番号		部門番号			
	届出年月日	年　月　日	入力処理	年　月　日	台帳整理	年　月　日
	通信日付印 年　月　日	確認	番号 確認			

注意　1．裏面の記載要領等に留意の上、記載してください。
　　　2．税務署処理欄は、記載しないでください。

┈┈ （右側注記）2期前の事業年度

154

「消費税 簡易課税制度選択不適用 届出書」の記載例

└─ 簡易課税をやめたいときに提出

第25号様式

消費税簡易課税制度選択不適用届出書

収受印

		（フリガナ）	
令和　年　月　日	届出者	納　税　地	（〒 123 － 4567 ） 東京都大田区×××○丁目○番○号 （電話番号　03 －△△△△－△△△△）
		（フリガナ）	ハラダ　　ユウタ
		氏 名 又 は 名 称 及 び 代表者氏名	原田　優太
××税務署長殿		法 人 番 号	※ 個人の方は個人番号の記載は不要です。

　下記のとおり、簡易課税制度をやめたいので、消費税法第37条第5項の規定により届出します。

①	この届出の適用 開始課税期間	自 ⦿令和 10 年 1 月 1 日　至 ⦿令和 10 年 12 月 31 日 （平成）
②	①の基準期間	自 ⦿令和 8 年 1 月 1 日　至 ⦿令和 8 年 12 月 31 日 （平成）
③	②の課税売上高	15,250,000 円

簡易課税制度の 適 用 開 始 日	⦿令和 （平成）　8 年 1 月 1 日
事 業 を 廃 止 し た 場 合 の 廃 止 し た 日	⦿令和 （平成）　年　月　日 個人番号 ※ 事業を廃止した場合には記載してください。
参 考 事 項	
税 理 士 署 名	（電話番号　－　－　）

:···· 最低、2年間は簡易課税をやめられない

※税務署処理欄	整理番号		部門番号					
	届出年月日	年　月　日	入力処理	年　月　日	台帳整理	年　月　日		
	通信日付印 年　月　日	確認	番号 確認	身元 確認	□ 済 □ 未済	確認 書類	個人番号カード／通知カード・運転免許証 その他（　　　）	

注意　1．裏面の記載要領等に留意の上、記載してください。
　　　2．税務署処理欄は、記載しないでください。

「適格請求書発行事業者の登録の取消しを求める旨の届出書」の記載例

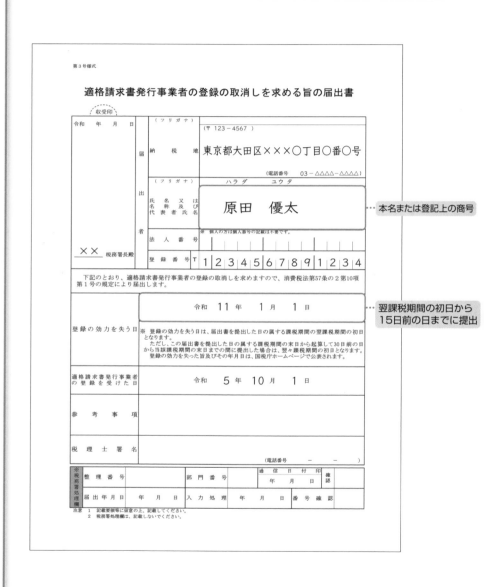

第3号様式

適格請求書発行事業者の登録の取消しを求める旨の届出書

収受印			
令和　年　月　日		（フリガナ）	（〒 123 - 4567 ）
	届 出 者	納　税　地	東京都大田区×××○丁目○番○号
			（電話番号　03 - △△△△ - △△△△）
		（フリガナ）	ハラダ　　　ユウタ
		氏 名 又 は 名 称 及 び 代 表 者 氏 名	原田　優太
××　税務署長殿		法 人 番 号	※ 個人の方は個人番号の記載は不要です。
		登 録 番 号	T 1 2 3 4 5 6 7 8 9 1 2 3 4

… 本名または登記上の商号

　下記のとおり、適格請求書発行事業者の登録の取消しを求めますので、消費税法第57条の2第10項第1号の規定により届出します。

登録の効力を失う日	令和　11　年　1　月　1　日
	※ 登録の効力を失う日は、届出書を提出した日の属する課税期間の翌課税期間の初日となります。 　ただし、この届出書を提出した日の属する課税期間の末日から起算して30日前の日から当該課税期間の末日までの間に提出した場合は、翌々課税期間の初日となります。 　登録の効力を失った旨及びその年月日は、国税庁ホームページで公表されます。
適格請求書発行事業者の登録を受けた日	令和　5　年　10　月　1　日
参　考　事　項	
税 理 士 署 名	（電話番号　　　-　　　-　　　）

… 翌課税期間の初日から15日前の日までに提出

税務署処理欄	整 理 番 号		部 門 番 号		通 信 日 付 印 年　月　日		確 認	
	届 出 年 月 日	年　月　日	入 力 処 理	年　月　日	番 号 確 認			

注意　1　記載要領等に留意の上、記載してください。
　　　2　税務署処理欄は、記載しないでください。

156

「消費税 課税事業者選択不適用 届出書」の記載例

── 免税事業者に戻りたいときに提出

第2号様式

消費税課税事業者選択不適用届出書

収受印

令和　年　月　日	届出者	（フリガナ）		
		納　税　地	（〒 123 － 4567 ）東京都大田区×××○丁目○番○号（電話番号　03－△△△△－△△△△ ）	
		（フリガナ）	ハラダ　　ユウタ	
		氏 名 又 は名 称 及 び代 表 者 氏 名	原田　優太	
＿＿×× 税務署長殿		個 人 番 号又 は法 人 番 号	↓ 個人番号の記載に当たっては、左端を空欄とし、ここから記載してください。2 3 4 5 6 7 8 9 1 2 3 4	… 控えには記入しない

下記のとおり、課税事業者を選択することをやめたいので、消費税法第9条第5項の規定により届出します。

①	この届出の適用開 始 課 税 期 間	自 ○平成 ○令和 11 年 1 月 1 日　至 ○平成 ○令和 11 年 12 月 31 日	
②	①の基準期間	自 ○平成 ○令和 9 年 1 月 1 日　至 ○平成 ○令和 9 年 12 月 31 日	… 2期前の事業年度
③	②の課税売上高	9,250,000　円	1,000万円以内の場合に限る

※ この届出書を提出した場合であっても、特定期間（原則として、①の課税期間の前年の1月1日（法人の場合は前事業年度開始の日）から6か月間）の課税売上高が1千万円を超える場合には、①の課税期間の納税義務は免除されないこととなります。詳しくは、裏面をご覧ください。

課 税 事 業 者となった 日	○平成 ○令和 7 年 1 月 1 日
事 業 を 廃 止 した場合の廃止した日	○平成 ○令和 　年 　月 　日
提出要件の確認	課税事業者となった日から2年を経過する日までの間に開始した各課税期間中に調整対象固定資産の課税仕入れ等を行っていない。　はい ☑※ この届出書を提出した課税期間が、課税事業者となった日から2年を経過する日までに開始した各課税期間である場合、この届出書提出後、届出を行った課税期間中に調整対象固定資産の課税仕入れ等を行うと、原則としてこの届出書の提出はなかったものとみなされます。詳しくは、裏面をご覧ください。
参 考 事 項	100万円以上の高額資産を購入していないか
税 理 士 署 名	（電話番号　　－　　－　　）

※税務署処理欄	整理番号		部門番号					
	届出年月日	年　月　日	入力処理	年　月　日	台帳整理	年　月　日		
	通 信 日 付 印年　月　日	確認	番号確認	身元確認 □ 済□ 未済	確認書類	個人番号カード／通知カード・運転免許証その他（ 　）		

注意　1．裏面の記載要領等に留意の上、記載してください。
　　　2．税務署処理欄は、記載しないでください。

原　尚美（はら　なおみ）

税理士。税理士法人Right Hand Associates代表社員。東京外国語大学英米語学科卒業。7人家族に嫁いだが、社会との接点を求めて税理士を目指す。TACの全日本答練「財務諸表論」「法人税法」を全国1位の成績で税理士試験に合格。事業計画書の作成や資金調達など地に足のついた経営支援を通じて、クライアントの9割が黒字の実績を誇る。2012年からミャンマーに事務所を開設し、中小企業の海外進出を支援している。主な著書に『51の質問に答えるだけですぐできる「事業計画書」のつくり方』（日本実業出版社）、『マンガでわかる管理会計』（オーム社）、『人事・経理・労務の仕事が全部できる本』『会社のつくり方がよくわかる本』（ソーテック）、『世界一ラクにできる確定申告』（技術評論社）などがある。

フリーランスがインボイスで損をしない本

2023年1月1日　初版発行
2023年3月20日　第3刷発行

著　者　原　尚美　©N.Hara 2023
発行者　杉本淳一

発行所　株式会社日本実業出版社　東京都新宿区市谷本村町3-29 〒162-0845

編集部　☎03-3268-5651
営業部　☎03-3268-5161　振　替　00170-1-25349
https://www.njg.co.jp/

印　刷／堀内印刷　　製　本／若林製本

本書のコピー等による無断転載・複製は、著作権法上の例外を除き、禁じられています。内容についてのお問合せは、ホームページ（https://www.njg.co.jp/contact/）もしくは書面にてお願い致します。落丁・乱丁本は、送料小社負担にて、お取り替え致します。

ISBN 978-4-534-05972-7　Printed in JAPAN

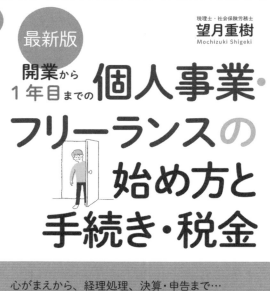

税理士・社会保険労務士
望月重樹
Mochizuki Shigeki

最新版

開業から1年目までの **個人事業・フリーランスの始め方と手続き・税金**

心がまえから、経理処理、決算・申告まで…
**個人事業主・フリーランスにとっての
インボイス制度、改正電子帳簿保存法の
ポイントがわかる!**

日本実業出版社　　　　定価1870円（10％税込）

望月重樹・著
定価 1870円（10％税込）

独立・開業1年目の人向けに、届出・手続きから資金、経理・税務のポイント、決算、青色申告などまでを解説したロングセラーの最新版。消費税のインボイス制度、改正電子帳簿保存法なども盛り込み、課題を乗り越え将来の進路を示す羅針盤となる一冊。

定価変更の場合はご了承ください。